バスケットボール
判断力を養うスペーシングブック

Basketball Spacing Training Book

著 鈴木良和 株式会社ERUTLUC
（エルトラック）

チームオフェンスをよりよくするための「スペーシング」を学ぼう！

みなさんは「スペーシング」という言葉を知っていますか？ 「スペース」というと、ショッピングモールなどにある「食事スペース」、「休憩スペース」のような「空間」や「開けた場所」だとなんとなくわかると思います。「スペーシング」もそれに近いものです。より的確な表現をすれば、バスケットにおける「スペーシング」とは「オフェンスのときの選手と選手との距離感」です。5人のオフェンスが一定の距離を保ってポジションを取る、つまり立ち位置に立つことを「スペーシング」といいます。

しかし1回につき24秒のオフェンスでずっと同じ位置に立ち続けていることはありません。オフェンスはドライブやパス、カッティング、スクリーンなどを使いながら、常に動いてよりよいシュートの場面を作ろうとします。オフェンスが始まるときによいスペーシングを取っていたとしても、誰かが動いたときに、そのほかの4人が誰も動かなければ、どこかで距離感が悪くなります。つまりは狭いスペーシングになってしまうのです。そうならないよう、誰かが動いたら、ほかの4人も反応して動く、もしくは動かない──「スペーシング」では「動かない」という選択肢も大切になります──で、オフェンス全体のバランスを取っていきます。そうして適切な「スペーシング」を取り続けることで、よりよいシュートチャンスが生まれてくるのです。

近年、日本には海外のコーチがたくさん来るようになりました。彼らは日本の育成年代（学生）のバスケットを見て、「ドリブルや1対1のスキルはよく教えられていますね」と褒める一方で、「スペーシングがよくありませんね」とも指摘します。

成長の過程でドリブルや1対1のスキルをいくら磨いても、ボールを持っていない選手（本書ではこれを「オフボールマン」と呼びます）のスペーシングが悪いと、隣のディフェンスとの距離が短いために、

ボールを持っている選手（本書ではこれを「ボールマン」と呼びます）が1対1をできなかったり、無理やり1対1をしてボールを失ったりします。持っている力を発揮できずにターンオーバー（ミス）をしてしまうのです。成長過程においてはボールマンだけが育つのではなく、そのボールマンが磨いたスキルを発揮しやすいように、オフボールマンがよい位置に立つことがとても大切になります。

バスケットのゲームは1試合40分でおこなわれます（中学生は32分、ミニバスケットは24分。ここでは代表して40分で説明します）。単純に考えるとオフェンスとディフェンスが半分ずつなので、それぞれ20分になります。オフェンスの20分の内、コートに立つ5人が同じ時間だけボールを持とうとすれば、20÷5で1人4分となります。1試合の中で1人の選手がボールを持てる時間は4分しかありません。それ以外のオフェンスの時間、つまり16分はボールを持っていないことになります。その16分でいかにチームの勝利に貢献するか。これがとても大切で、「スペーシング」の考え方を理解しているかどうかにかかっているともいえます。

本書では「よいスペーシングとは何か？」、「そのためにはどう動けばいいのか？」を紹介していきます。「どんな動きをしたらディフェンスを抜けるのか？」といった、きっかけを示すものではありません。ボールマンがドライブなどでディフェンスを抜いた後に、次のオフェンスをよりスムーズにするためには「どんなスペーシングを取っておくべきなのか」を示すものです。これから学ぶ「スペーシング」の真髄は「ドライブなどでペイントアタック（ペイントエリアに切り込んでいくこと）ができた後」にあります。ペイントアタックまでの道のりは、みなさんが日々の練習で生み出してください。

「スペーシング」を理解すれば、よりよいチームオフェンスができて、バスケットがもっとおもしろくなるはずです。中学生（U15年代）や高校生（U18年代）だけでなく、ミニバスケット（U12年代）の選手たちも知識として少しずつ覚えていきましょう。

鈴木良和

スペーシングの悪いチームの特徴

みなさんのチームでオフェンスが停滞するときはありませんか？　たとえば個人スキルでは問題ないはずのボールマンがパスを出せなかったり、パスを出せてもすぐにディフェンスに守られたり……。チームメイトがボールマンのアタックを邪魔することもあるかもしれません。

これらの原因のひとつに「スペーシング」が考えられます。

例を見てみましょう。

①片サイドの狭い範囲に4人のオフボールマンが集まっている

「アイソレーション」のように一方のサイドにボールマンを置き、もう片方のサイドに4人の選手が寄ったとします。このとき4人の距離が近すぎると、1人のディフェンスが2人のオフェンスを守れることになります。つまりディフェンスの1人がボールマンのヘルプに行っても、残りの3人で4人のオフェンスをうまく守れてしまうのです。ボールマンの1対1が止められたときにパスを出す場所もありません。

②オフボールマンがボールに近づいてくる

1対1をしようとする、もしくは実際にそのアクションを起こしているボールマンに対してオフボールマンが近づくと、結果的に1対1のスペースが狭くなり、ボールマンの動きを制限させてしまいます。

※（「ハンドオフ（手渡しパスでのスクリーンプレー）」は例外となります。）

スペーシングの悪いチームの特徴

③最初にドライブをした選手がペイントエリア内に残っている

よいスペーシングを取っても、ひとつの動きで止まってしまうと、スペーシングの効果が薄れてしまいます。たとえば最初にドライブをした選手がキックアウトパスを出した後、そのままペイントエリアに残ってしまうと、次のドライブをしてきた選手の邪魔になってしまいます。

④ロングミドルの2ポイントシュートを打つ

よいスペーシングを取り、ボールマンがドライブをして、キックアウトパスを出したとします。このときパスを受けた選手が3ポイントラインの内側で2ポイントシュートを打つことも、スペーシングの効果的な使い方とはいえません。ただしミニバスケットの選手や、3ポイントシュートの確率が低いビッグマン（長身者）などには当てはまりません。

目次

第４章　５アウト

第５章　３アウト２イン

第1章

スペーシングの基本とコンセプト

オフェンスの流れを知る

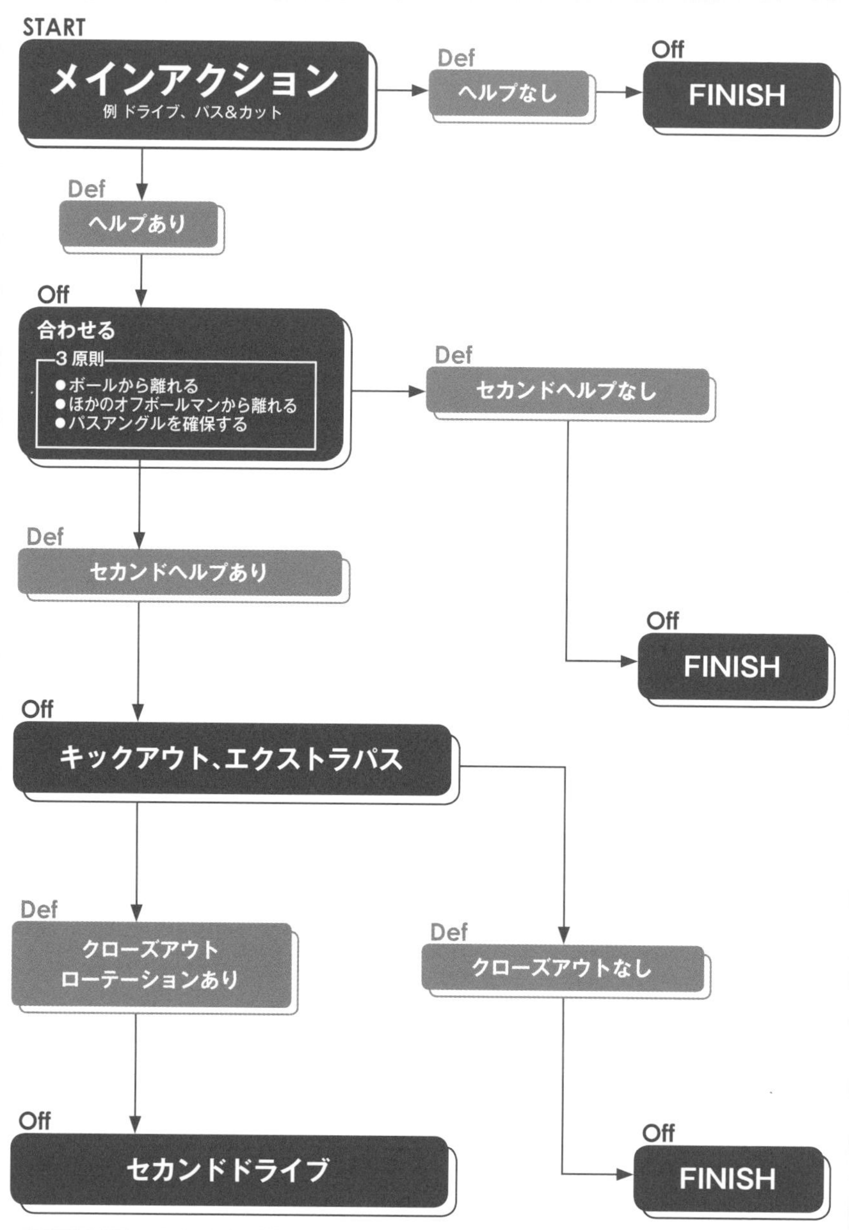

一連のチームオフェンスをスムーズに

「スペーシング」に入る前に、チームオフェンスの基本的な流れ（フロー）を確認しましょう。

オフェンスのきっかけにはパス＆カットやピック＆ロールなどもありますが、基本中の基本は1対1です。ボールマンが自分のディフェンスを1対1で抜いたとき、ほかのディフェンスが傍観していたら、そのままレイアップシュートを打てます。しかしたいていのディフェンスはヘルプをしてくるでしょう。ヘルプに来たら、そのディフェンスが元々マークしていたオフェンスへの守りが薄くなります。ここに「合わせ」のチャンスが生まれます。この「合わせ」には３つの原則があります。

- **ボールから離れる**
- **ほかのオフボールマンから離れる**
- **パスアングル(角度)を確保する**

この3原則に基づいて動くと、パスを受けてシュートを打つチャンスが生まれます。

このとき大事なポイントがあります。近年よく聞く「期待値」です。期待値とは、どこでどんなシュートを打てば、より高い得点が期待できるかを示す値です(詳しくはP66)。

パスを受けた選手は期待値の高いシュートを打つべきですが、やはりそのシュートにもディフェンスが守りに来ます。ペリメーター(アウトサイド)の選手に対しては、クローズアウトがおこなわれます。このとき次のチャンスが生まれます。

クローズアウトが遅れたら、当然シュートを打ちます。またクローズアウトが早くても、スピードに乗って向かってくるディフェンスは簡単には止まれません。すれ違うように動くと抜きやすくなります。

このときディフェンスの左右どちらを攻めるかですが、原則的には広いスペースのほうに攻めます。このスペースを「ギャップ」といいます。広いギャップを攻めると、次のディフェンスが大きく動いてヘルプに来るため、再び「合わせ」の3原則に従うと次のチャンスが生まれます。

こうした一連のオフェンスの流れを24秒以内にスムーズにおこなえば、どこかでシュートチャンスが生まれます。

そのために重要になるのが本書のテーマ、「スペーシング」なのです。

合わせの3原則

ボールから離れる

ほかのオフボールマンから離れる

パスアングルを確保する

基本的なリアクションを知る

5つの“D(ディー)”を覚えよう

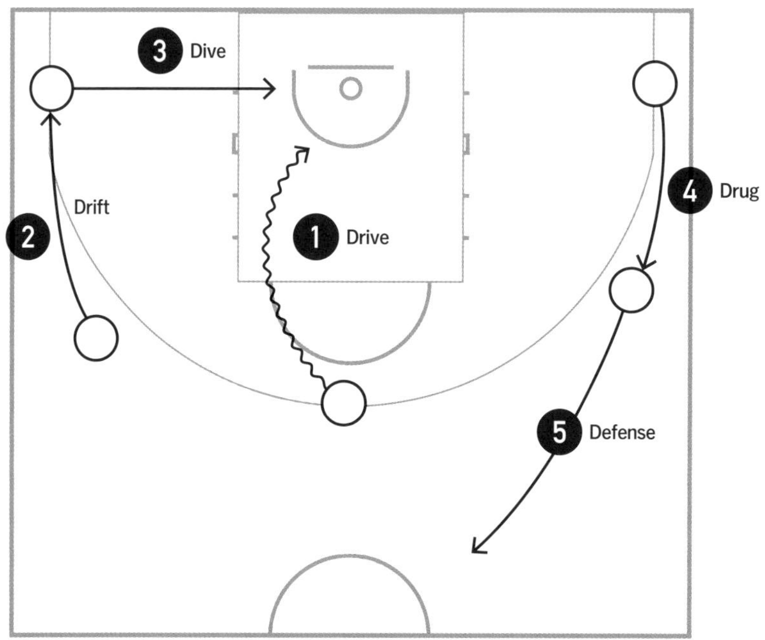

チームオフェンスにはさまざまな考え方があります。そのなかのひとつ、「リアクション」はボールマンの動きに合わせて動くことを意味します。ボールマンが動くことでディフェンス全体も動き始めるので、ボールマンとは異なるところで新しいチャンスが生まれるわけです。

現代バスケットではやや古いコンセプトになりつつありますが、チームオフェンスを遂行するうえで重要な「5つのD（ディー）」を覚えましょう。現実的には5つのDすべてを同時に実践するわけではなく、状況に応じて使い分ける必要があります。

1	Drive ドライブ	文字どおり、ボールマンがドライブをすること。チームオフェンスの起点となるプレー。
2	Drift ドリフト	ボールマンのドライブにともなって、その方向にいたチームメイトがドライブに「押し出される」ような動きでボールから離れていくこと。
3	Dive ダイブ	ボールマンのドライブに対して、自分のディフェンスがそちらに注意を向けた瞬間に「飛び込む」ような動きで一気にゴールに走り込むこと。
4	Drug ドラッグ	ボールマンのドライブに対して、ドライブの方向とは逆のアウトサイドにいた選手が、ドライブとは逆方向に上がるように動くこと。ドライブした選手が元にいた場所を埋めるようなドライブのことを「リプレイス」ともいう。
5	Defense ディフェンス	「セーフティー」ともいう。ボールマンがシュートを打ったとき、すぐにディフェンスへ戻れるようにトップの高い位置を埋めること。

ドライブ&ドリフト

トップの「ドライブ」に対して、ウイングの選手はコーナーに「ドリフト」します。ウイングのディフェンスがドライブに対してヘルプすれば、コーナーがノーマークになります。ウイングのディフェンスがヘルプに寄らなければ、ボールマンはレイアップシュートまで持ち込めます。

ダイブ

トップの「ドライブ」に対して、コーナーにいた選手はゴールに向かって「ダイブ」します。自分のディフェンスがドライブに注意を向けていれば、トップからパスをもらうこともできます。

もしディフェンスがドライブに注意を向けずに、ダイブについてきても、コーナーを空けることでウイングからドリフトする選手のスペースを空けられます。その場合は逆サイドのコーナーまで走り抜けましょう。

基本的なリアクションを知る

ドラッグ(リプレイス)

トップの「ドライブ」に対して、そのドライブとは逆サイドのウイングにいた選手が、トップがいた場所へ「ドラッグ」します。ボールマンがシュートに持ち込めず、またドリフトした選手やダイブした選手にパスを出せずにストップしたときは、ボールを戻せる位置に立ちましょう。

ディフェンス(セーフティー)

トップにいたボールマンがそのままレイアップシュートまで持ち込めたら、1人の選手は「ディフェンス（セーフティー）」として高い位置を占めましょう。そうすると、相手にノーマークの速攻を出させず、簡単な失点を抑えることができます。

ふたつのドライブコース

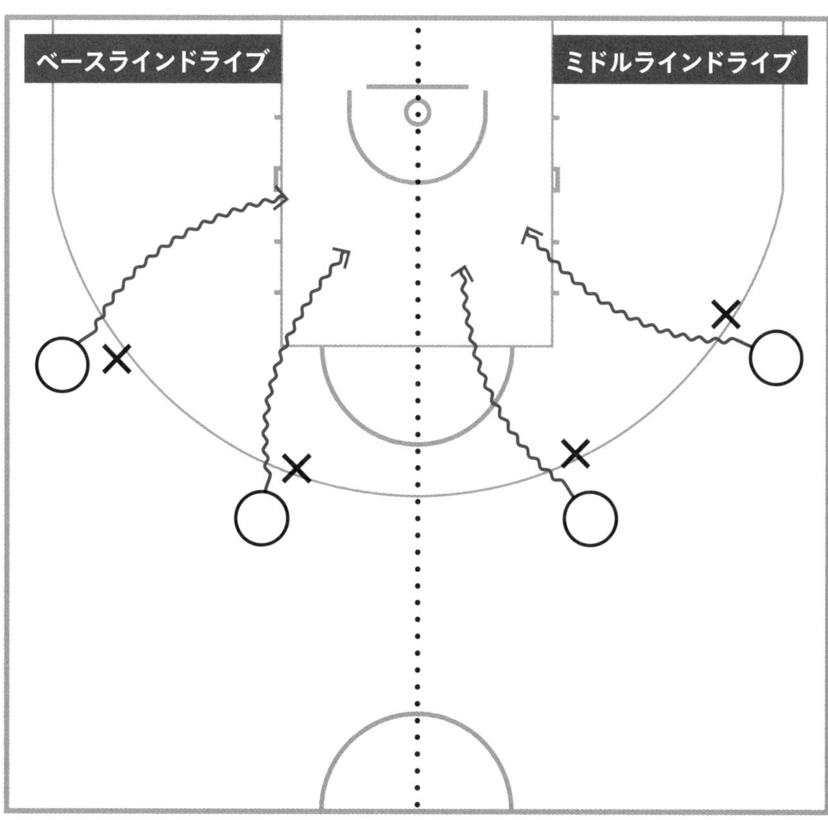

ベースラインドライブ

ハーフコートを縦で半分（ゴールとゴールを結んだ線）に分け、自分が立っているところから近いほうのサイドライン側、もしくはベースライン側にドライブすることを「ベースラインドライブ」といいます。

ミドルラインドライブ

ベースラインドライブとは逆、つまりサイドライン、もしくはベースラインから遠ざかるような方向にドライブすることを「ミドルラインドライブ」といいます。

上図のように同じ左ドライブでも、コートの左側でおこなえば「ベースラインドライブ」、コートの右側でおこなえば「ミドルラインドライブ」になります。

ディフェンスを知る

ディフェンスの特徴を知ることがオフェンスの第一歩

よりよいオフェンスをしようと思えば、ディフェンスの特徴を知っておくことが大切になります。一般的に1人のディフェンスが一瞬で動ける距離は、左右それぞれ2.5メートル、前後は足を左右に開いて構えていることもあって、それぞれ1メートルといわれています。つまり左右5メートルと前後2メートルが1人のディフェンスが一瞬で守れるエリアです。だいたい10平方メートルくらいです。この点をまず覚えておきましょう。

実際のコートには5人のディフェンスが守っています。守る範囲が重なるところもありますが、チームで約50平方メートルを守れることになります。

オフェンスがおもに戦うハーフコートは横15メートル×縦14メートル（210平方メートル）ですが、そのうちディフェンスが守るのは基本的に3ポイントラインの内側です。ここが約70平方メートル。オフェンスは、ディフェンスが守るべきエリア（約70平方メートル）から実際に守れるエリア（約50平方メートル）を引いたエリア（約20平方メートル）を自由に攻めることができます。

算数（数学）のような、ちょっと小難しい話になりましたが、「よいスペーシング」とは、ディフェンスが守らなければならないエリアを広げてオフェンスをしやすくすることです。

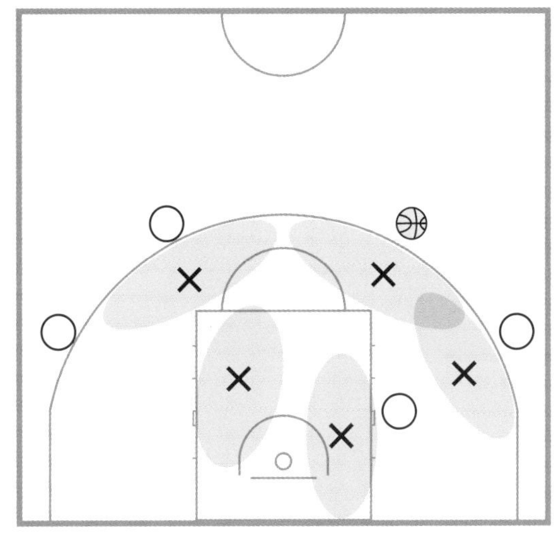

スペーシングを知る

よいスペーシング

ディフェンスが守らなければならないエリアを広げると、なぜ「よいスペーシング」といえるのでしょうか？　それは自分のディフェンスと隣にいる味方を守っているディフェンスとの距離が広がるため（それを「ギャップ」といいます）、その間をドライブで攻めたり、カッティングで攻めたりしやすくなるからです。そのための目安として、オフェンスは5人がそれぞれ5~6メートル程度離れておくことが「よいスペーシング」になります。そうすることでディフェンスの守れない領域が生まれてくるからです。3ポイントラインをうまく活用し、その外側に全員、もしくは数名が立つことが「よいスペーシング」につながります。

よくないスペーシング

逆にオフェンスの5人全員が3ポイントラインの内側でポジションを取っていると、それぞれの距離が短くなるので、ドライブやカッティングをしにくくなります。つまりディフェンスが守るべきエリアが狭くて済むようになります。

その一方でオフェンス全員が3ポイントラインの外側にいたとしても、隣どうしが近づいているようであれば、それも「よくないスペーシング」になります。

年代別／特徴別に適したスペーシングを取り入れよう

バスケットには基本的に３つのスペーシングがあります。「5アウト（ファイブアウト）」「4アウト1イン（フォーアウト・ワンイン）」「3アウト2イン（スリーアウト・ツーイン）」です。「5アウト」は5人の選手が全員アウトサイド（3ポイントラインの外側）でポジションを取るものです。「4アウト1イン」は4人がアウトサイドに位置し、1人がインサイド（ペイントエリア近辺）に位置します。「3アウト2イン」は3人がアウトサイド、2人がインサイドにポジションを取ります。

育成年代――小学生、中学生、高校生――にはそれぞれに見合ったスペーシングがあると考えます。それは将来的なことを考えてもそうですし、現実的にも、アウトサイドの選手が少なくなればなるほど、ボールの移動に合わせて動く距離が長くなり、より多くの運動量が求められるからです。

まずは年代別に推奨するスペーシングを示します。

≪U12（12歳以下。小学生）≫

「5アウト」を推奨します。

この年代では、すべての選手に将来ペリメーターになる可能性があります。もちろん将来センターやパワーフォワードになるようなビッグマンもいますが、そうした選手もドリブルやパスが上手なほうがプレーの幅が広がります。実際に世界では今、センターがアシストをするシーンも増えてきています。5アウトはすべての選手がアウトサイドでポジションを取るため、将来に向けて育成しやすいフロアバランスといえます。

また一人ひとりの距離が短いため、強くて長いパスを出す力がないこの年代でも素早くパスを展開することができます。

中学生や高校生でもビッグマンのいないチームには5アウトを推奨します。

≪U15（15歳以下。中学生）およびU18（18歳以下。高校生）≫

「4アウト1イン」を推奨します。ただしチームにビッグマンがいる場合です。

勝敗への意識が少しずつ生まれてくるこの年代では4アウト1インが最もバランスの取れたスペーシングといえます。ドライブをした後の合わせの面でも、5人の距離感といった意味でも最もバランスが取れています。

今の日本を考えた場合、ビッグマンが2人もいるチームは少ないと思います。しかし1人なら十分に考えられます。U18以上で3アウト2インを採用しているチームでも、パワーフォワードがアウトサイドに出てプレーするケースはあるので、U15年代で4アウト1インのスペーシングを学んでおくことが、将来的にも価値が高いと考えます。

≪U18≫

チームがいわゆる「強豪校」で、ビッグマンが2人以上いる場合には「3アウト2イン」のスペーシングも理解しておく必要があると考えます。

年代別／特徴別に適したスペーシングチャート

本書では第3章で「4アウト1イン」を、第4章で「5アウト」を、第5章で「3アウト2イン」をそれぞれ紹介しています。まずは自分たちに合ったものを読んでいただき、スペーシングを知る第一歩を踏み出しましょう。そのためにも下のチャートに沿って、今の自分たちが知るべきスペーシングを読み解くとよいでしょう。

紹介する動きなかには章をまたぐものもあります。たとえば「バックカット」は、より強調したい「５アウト」の章で紹介していますが、もちろん「４アウト１イン」でも活用できます。自分たちに合った章を読んでいただいたあとに、そのほかの章も読んでいただくと、チームオフェンスの幅はより広がっていくはずです。

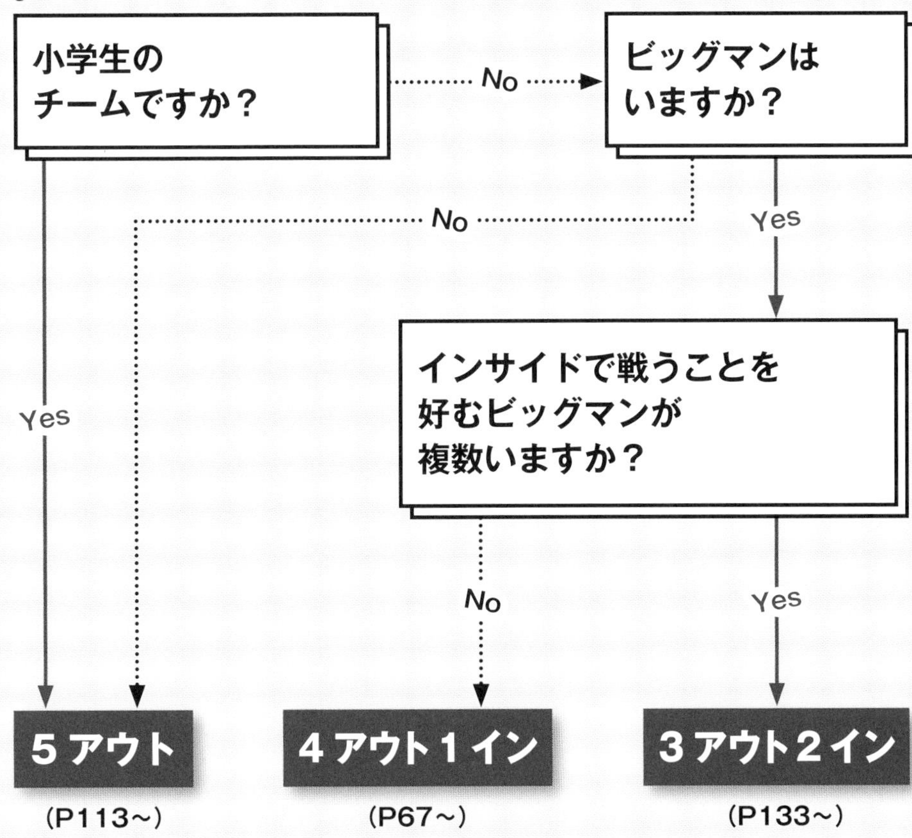

プロレベルの現場では、5アウト、4アウト1イン、3アウト2インのスペーシングが、1試合の中で状況に応じて使い分けられます。さまざまなスペーシングを年代ごとに経験しておくのは選手の将来にとっても価値があることなのです。

コラム①

育成年代でスペーシングを身につける意味

育成年代、とりわけ小学生や中学生では１対１をファンダメンタルとして指導することを基本としています。そのため日本国内では15歳以下のゾーンディフェンスの使用が禁止されました。多くの指導者と選手は1対1の習得やスキルアップに日々努力されていると思います。本書のテーマである「スペーシング」は、その1対1をよりやりやすくするだけでなく、1対1で目の前のディフェンスを抜いた後のチームオフェンスもよりスムーズに進めるための手段です。

第3章以降で３つのスペーシングを紹介していきます。年代別、もしくはチームの特徴別に、みなさんのチームに見合ったスペーシングの章を読み進めて、取り入れてもらえればと思います。

ただし、指導／育成を進めていくうえで、とても重要なことがあります。聡明な指導者と保護者はすでに気づいていると思いますが、「指導者および保護者の影響力は、子どもたちにとって、ご自身が思っている以上に大きい」ということです。子どもたちは指導者や保護者の言葉を基本的に信じています。特に指導者が「ここはこのように動こう」といえば、選手はそれを100%信じて、実行しようとします。それはけっして悪いことではありません。しかし100%よいこととはいい切れません。バスケットは「判断のスポーツ」といわれます。選手自身がコート上で起こっている事象に判断を下して、ゲームを進めていきます。一つひとつの事象すべてに対して、指導者や保護者が「こう動きなさい」ということはできません。選手自身がその場で瞬間的に判断して、その場で起きている問題を解決しなければならないのです。

小学生、中学生、そして高校生を含めた育成年代でスペーシングを身につける意味はそこにもあります。

育成年代の選手たちが学ぶべきは、スキルはもちろんですが、選手自身が判断をして、行動を起こすことです。オフェンスであれば、自分を守っているディフェンスを見て判断します。「自分のディフェンスがドライブにヘルプに行ったから、私はここに動こう」といった判断基準を身につけるためには、適切なスペーシングを取ることが有効なのです。もちろんディフェンスの動きが変われば、オフェンスの動きも変わります。

第3章以降で紹介する３つのスペーシングでの動きはあくまでも一例です。セオリー（定石）ではありません。目の前のシチュエーション（状況）をスペーシングのコンセプト（概念）に照らし合わせて、どう動くかが大切です。そうすれば、もし誰かが動きを間違えても、ほかの選手はその間違えた動きに合わせて対応すればいいわけです。けっして簡単なことではありません。だからこそ年代別に推奨するスペーシングがあるのです。単純なものから徐々に複雑にしていきます。

適切なスペーシングを取ることを育成年代から習慣化し、選手自身が判断するオフェンスを身につけていきましょう。

第2章

合わせの基本

パスコースを作る

GOOD ボールマン目線

パスは、パスを出す選手（ボールマン）とパスを受ける選手（レシーバー）が息を合わせる必要があります。特にボールマンが「パスを出す」と判断するためには、レシーバーが見えていなければなりません。レシーバーは合わせの移動をしながらも、ボールマンの顔が見える位置にアングル（角度）を微調整する必要があります。

GOOD レシーバー目線

ボールマン目線

写真のようにボールマンとディフェンス、レシーバーが一直線上に重なってしまうと、ボールマンは状況が見えづらく、ボールを通すコースがないため、パスを出すことができません。

レシーバー目線

カウンターで攻める

GOOD クローズアウトの距離が長い

ドライブで攻めようとすると隣のディフェンスがヘルプに寄ってきます。そこでキックアウトパスを出せば、ヘルプに来たディフェンスは慌てて自分のマークマン（パスを受けた選手）を守りに出ていきます。この動きを「クローズアウト」といいます。

このときクローズアウトが遅れていたら、パスを受けた選手はシュートを狙いましょう。

クローズアウトが速くても慌てる必要はありません。クローズアウトは前に向かって出ていく動きなので、それとすれ違うようなプレーをすれば、ディフェンスを抜きやすくなります。こうした動きを「カウンター」といいます。クローズアウトにはカウンターの動きが有効です。

このときクローズアウトの距離が長ければ長いほど、そのスピードが出ているため、カウンターの動きが有効になります。

クローズアウトの距離を長くするには、ドライブをした選手がヘルプディフェンスを引きつけておく必要があります。また写真は、ボールを受ける選手が動かない選択をしたものですが、ボールを受ける選手は元の場所からコーナーなどに移動することで、クローズアウトの距離を延ばせます。

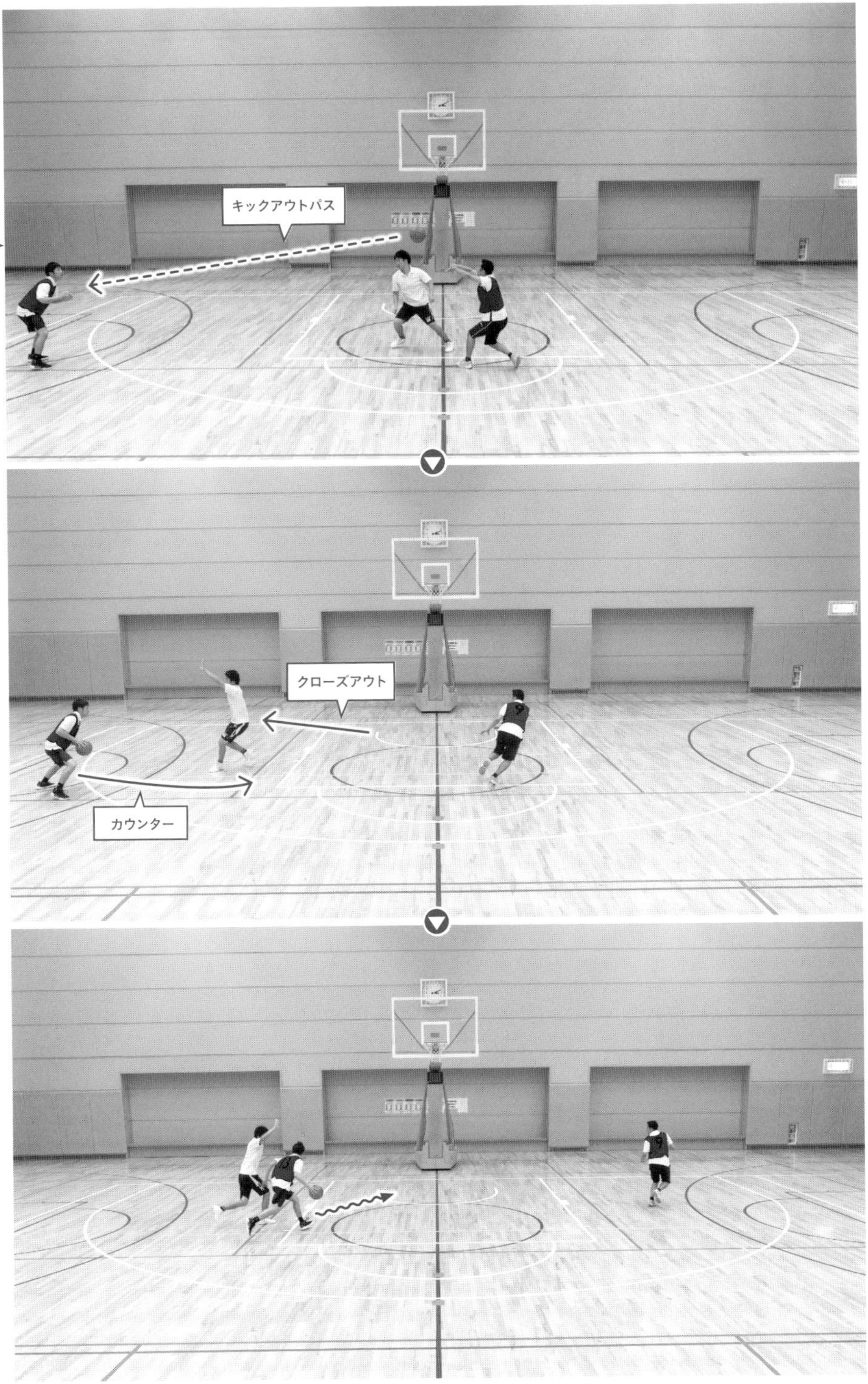

キックアウトパス

クローズアウト

カウンター

カウンターで攻める

クローズアウトの距離が短い

ドライブをした選手はディフェンスのヘルプを素早く発見したとしても、むやみにキックアウトパスを出すことは有効ではありません。なぜならヘルプに行こうとしたディフェンスがクローズアウトで戻る距離が短いため、素早く、正しい姿勢で自分のマークマンを守れるからです。正しい姿勢で守られると、ボールを受けた選手はシュートを打つことができず、カウンターでドライブをしても守られやすくなります。

また最初にドライブをした選手は、レイアップまで持ち込めたかもしれないチャンスを逃したことにもなります。

ディフェンスと駆け引きをしながら、よりよい判断をすることでシュートチャンスは生まれるのです。

ヘルプが来た！

ボールマンは パスを出す タイミングが大切!!

ディフェンスがヘルプポジションからまっすぐクローズアウトに向かうことを「ワン・ウェイ・クローズアウト」といいます。

それに対して、ディフェンスがヘルプポジションからドライブのほうへ一度反応してからおこなうクローズアウトのことを「ツー・ウェイ・クローズアウト」といいます。

ディフェンスにとっては「ワン・ウェイ・クローズアウト」のほうが素早く反応できるため、オフェンスとしては相手が「ツー・ウェイ・クローズアウト」になるようなタイミングでキックアウトパスを出せるようになりましょう。

ワン・ウェイ・クローズアウト

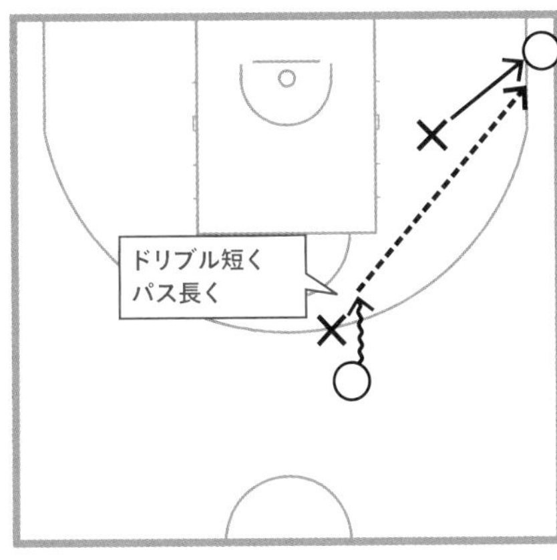

ツー・ウェイ・クローズアウト

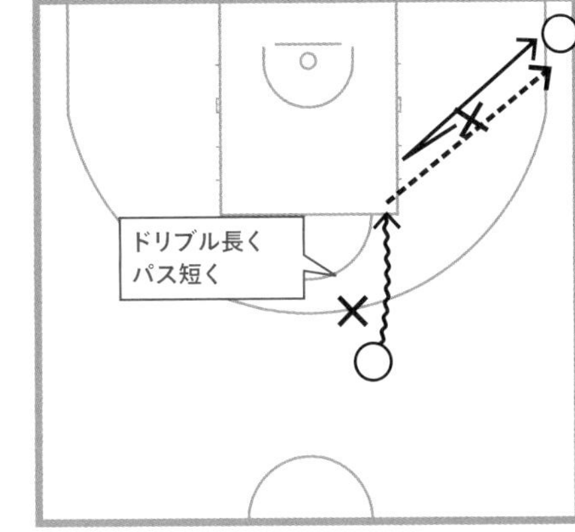

ギャップを攻める

ギャップとは

「ギャップ」とは、ディフェンスとディフェンスとの間にある空間のことです。

ギャップが広ければ、ボールマンはその間をドライブで攻めることができます。オフボールマンもその間をカッティングすることで攻撃のチャンスを生み出せます。このように「ギャップ」を攻めると、ディフェンスはそれを守ろうと動かなければならなくなり、オフェンスを次々と展開することができます。

ただし、ギャップが狭いと、ボールマンがドライブをしようとしても隣のディフェンスがヘルプに来やすくなります。また、カッティングに対しても隣のディフェンスが邪魔をして、行きたいところへ行きにくくなります。

よいスペーシングをオフェンス全員が取れば、ギャップは自然と広がるため、オフェンスのバリエーションが多くなります。

GOOD

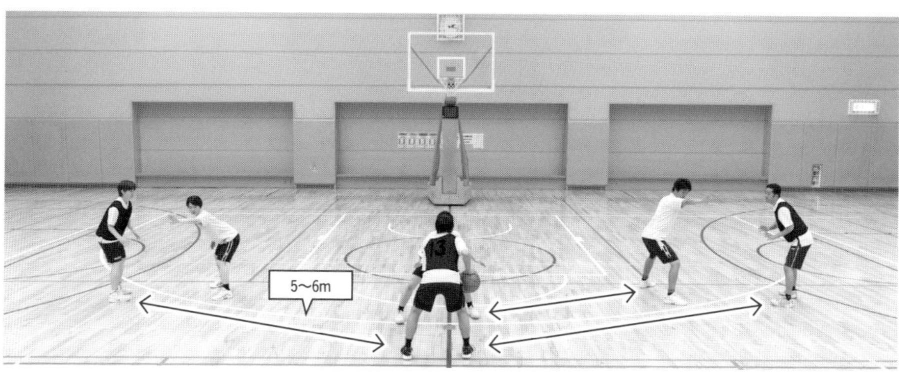

ドライブで攻めよう①

右ウイングにいたボールマンが、左ウイングからトップに上がってきた選手にパスを出すシーン。コーナーにいた選手は左ウイングの選手と連動して、空いているスペース（左ウイング）を埋めに動きましょう。このときコーナーから左ウイングへと移動してきた選手に対するディフェンスも動くため、トップでパスを受けた選手は自分の左側に大きな「ギャップ」を見つけることができます。そこへドライブすることでレイアップシュートに持ち込めます。

ギャップを攻める

ドライブで攻めよう②

同じように右ウイングのボールマンから左ウイングの選手にパスが出されるシーン。ただし今度は左ウイングの選手がツーガードポジション（フリースローレーンの延長線上あたり）でパスを受けます。このときはパスを受けた選手の右側に大きな「ギャップ」を見つけることができます。ディフェンスの位置や守り方を見て、素早く正確に「ギャップ」を攻めることができれば、レイアップシュートに持ち込むことができます。

第1章
基本とコンセプト

ギャップを攻める

ドライブ＆キックで攻めよう

P32と同じようにツーガードポジションでボールを受けた左ウイングの選手がドライブで「ギャップ」を攻めます。このとき右ウイングのディフェンスがヘルプに来ることが十分に予想されます。その場合、最初にパスを出した右ウイングの選手は右コーナーへと素早く移動しましょう。ドライブをした選手は、ヘルプディフェンスがいてシュートまで行けそうにないと判断したら、ヘルプディフェンスにパスカットをされないように、素早くコーナーへキックアウトパスを出しましょう。コーナーでパスを受けた選手は、自分のディフェンスが戻ってきていなければ、思い切ってシュートを打ちましょう。

第1章
基本とコンセプト

ビッグマンの合わせ

ベースラインドライブに合わせる

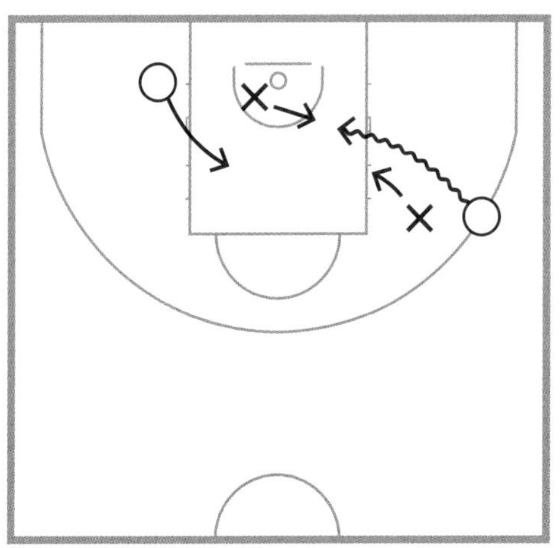

5人全員がアウトサイドでポジションを取る「5アウト」ではあまりないことですが、ペイントエリア内でプレーする選手がいるチームは、アウトサイドからのドライブに対して、ビッグマンがどのように合わせるかを練習しておきましょう。

原則は「サークルルール」と呼ばれるものです。ベースラインドライブに対してビッグマンのディフェンスがヘルプに行ったら、逆サイドにいたビッグマンはサークル（円）を描くようにペイントエリアのなかに入って合わせましょう。

ペイントエリア内で合わせるビッグマンは、ボールをキャッチする前にステップを終わらせておきましょう。そうすることで素早くシュートが打て、守りに来たディフェンスを間に合わなくさせることできます。

ビッグマンの合わせ

ミドルラインドライブに合わせる

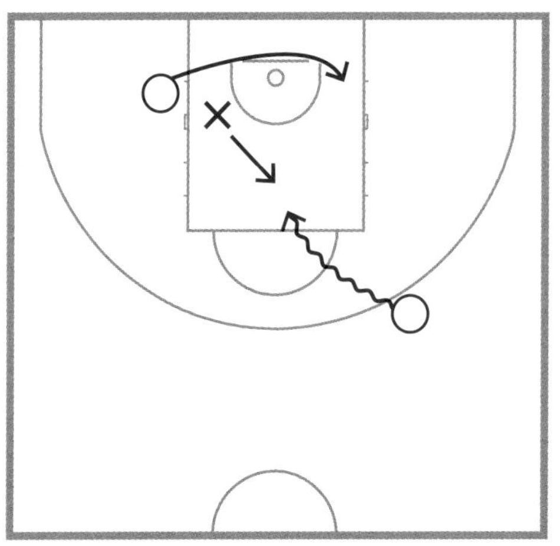

ミドルラインドライブに対してビッグマンのディフェンスがヘルプに行ったら、逆サイドにいたビッグマンは「サークルルール」に沿ってベースライン側に動いて合わせましょう。

「合わせる」ためには、自分勝手に動くのではなく、ディフェンスがいつ、どのようにヘルプに行ったのかをしっかり観察しなければなりません。またドライブをしている味方がパスを出しやすいタイミングで動き出すことが大切です。

第1章
基本とコンセプト

ビッグマンの合わせ

「デッドロー」を使う

通常、ビッグマンが立つ位置というと「ローポスト」をイメージすると思いますが、ボールと逆サイドにいるときは、「デッドロー」と呼ばれるベースラインの内側ぎりぎりくらいに立ちましょう。なぜならローポスト（リングやバックボードと水平の位置）にいるよりもボールとのスペースが広がるからです。ほんのわずかな違いに見えますが、スペーシングではそれが大きな差になります。

そもそもドライブをするときに一番よいのはそのままシュートに持ち込むことです。ビッグマンがデッドローに下がることで、そのディフェンスもビッグマンを視野に入れるために位置を下げるので、ドライブのスペースが広くなり、ボールマンにシュートチャンスが生まれます。もしビッグマンのディフェンスがヘルプに出れば、デッドローにいた選手にチャンスが生まれます。バックボードより後ろにいるため、一度「デッド（Dead：死ぬ）」になったように見えたビッグマンがパスで生き返る位置だから「デッドロー」と呼びます。

デッドローでは大きく構えておきます。そしてパスを受けるときは大きなステップで一気にゴールに向かいましょう。

ビッグマンの合わせ

ビッグマンへのパスの出し方(右サイドのウイングから)

● ポケットパス

● サイドスナップパス

ベースラインドライブでは、ドリブルをしていた手でそのまま「ポケットパス」を出しましょう。ポケットに手を入れるイメージでパスを出すので、「ポケットパス」と呼んでいます。

「ポケットパス」はミドルラインドライブに対しても有効ですが、上写真の場合、左手でのドライブとなるため、右利きの選手は利き手ではないことでうまくポケットパスを出せないかもしれません。その場合は右手を外側に向けて出す「サイドスナップパス」を用います。

ディフェンスの状況にもよりますが、狭いエリアでのパスになるので、バウンズパスを有効に使いましょう。

ペリメーターの合わせ

ベースラインドライブに逆サイドのペリメーターが合わせる

ベースラインドライブに対してビッグマンのディフェンスがヘルプに行き、それに対してビッグマンが合わせようとすると、逆サイドのペリメーター（おもにアウトサイドからの攻撃をする選手）のディフェンスが、ビッグマンの合わせを止めに来ます。ボールマンを止めに行くヘルプを「ファーストヘルプ」と呼ぶのに対して、ペイントエリア内での合わせを止めに行くヘルプを「セカンドヘルプ」と呼びます。

セカンドヘルプがビッグマンを守りに行ったら、逆サイドのウイングにいたペリメーターの選手はコーナーにドリフトしましょう。ボールマンは「シュートが打てない」、「ビッグマンへのパスも出せない」とわかったら、3つ目の選択肢として、コーナーに移動したペリメーターにパスを出すことができます。

スクリーンを利用する

このときセカンドヘルプがビッグマンよりも内側に入ってきたら、ビッグマンはそのディフェンスがペリメーターのところに戻れないように、スクリーンをかける方法もあります。

ペリメーターの合わせ

ミドルラインドライブにボールサイドのペリメーターが合わせる

ミドルラインドライブに対してビッグマンのディフェンスがヘルプに行き、それに対してビッグマンが合わせようとすると、ボールサイドのコーナーにいたペリメーターのディフェンスがセカンドヘルプに来ることがあります。その場合はコーナーにいたペリメーターがドラッグの動きでウイングに移動しましょう。

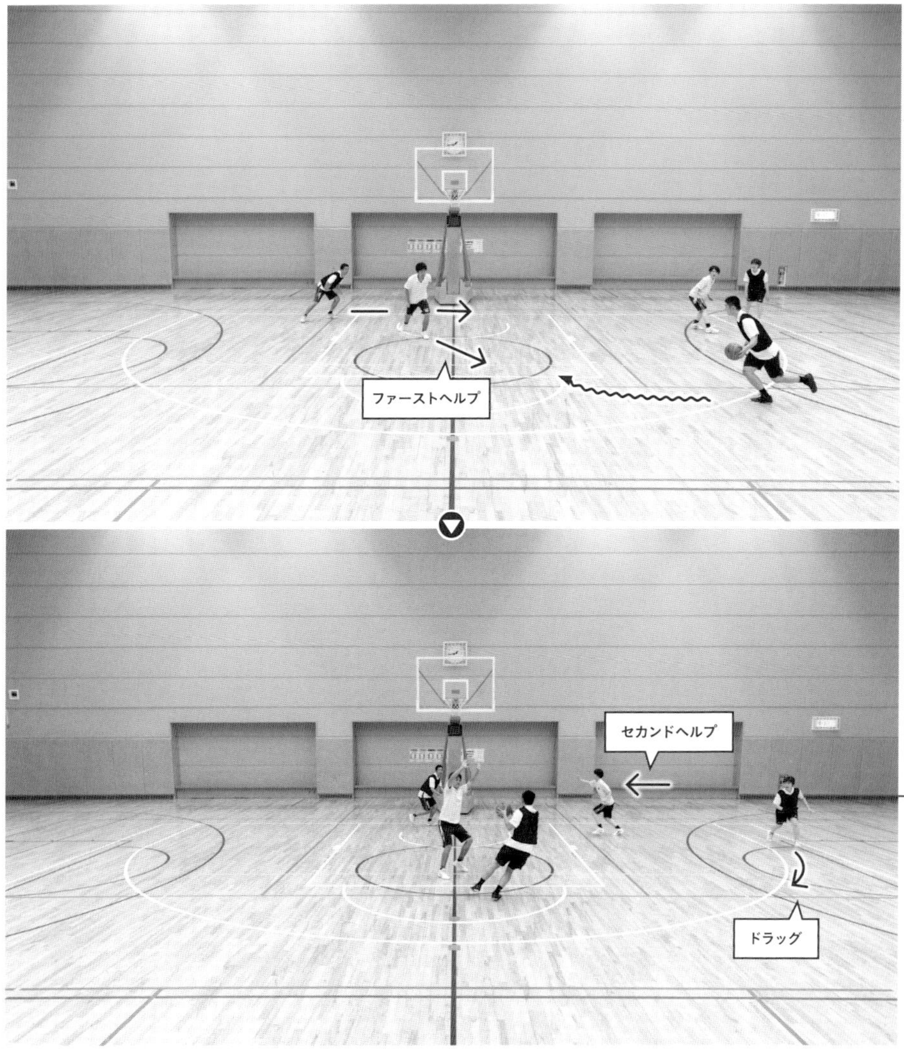

インサイドの合わせが変わったら・・・

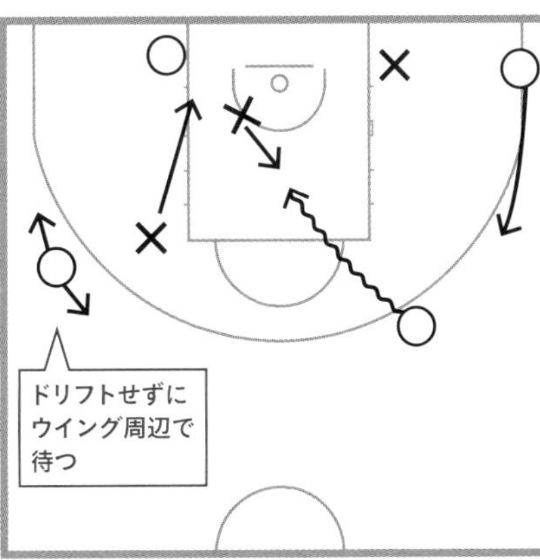

写真では逆サイドのウイングに立つ選手はいませんが、写真のような動きをしたとき、逆サイドのウイングにいた選手は原則的にコーナーにドリフトします。もしビッグマンがデッドローで合わせをしようとして、ペリメーターのディフェンスがベースライン方向に下がったら、ウイングの選手はコーナーには行かず、ウイングで待っておきましょう（左図）。

合わせをおこなう選手は、自分のディフェンスがどこへヘルプに行っているかをよく見ることが大切です。自分が動くことでそのディフェンスがすぐに戻ってこられる位置取りになる場合は、あえて動かないプレーも大切になります。ただし、ボールマンが見える位置に少し微調整してあげることも忘れないようにしましょう。

ドライブのコースチェンジに対応する

ミドルラインドライブからベースラインドライブへ

ドライブにはふたつのコースがあると紹介しました（P17）が、レベルが上がってくると相手とのかけひきでドライブのコースを途中で変更する選手が出てきます。この「コースチェンジ」にどう対応するかも練習しておく必要があります。

写真のように、ミドルラインドライブに対してビッグマンはベースライン側に、逆サイドのウイングはコーナーに、それぞれ移動しようとします。

しかしボールマンがディフェンスに止められて、ドリブルチェンジでベースラインドライブに変えたら、ビッグマンは内側に移る、コーナーに動いていたペリメーターは自分のディフェンスの動きを見てウイング寄りに戻るなどの微調整をそれぞれにおこないましょう。

ドライブのコースチェンジに対応する

ベースラインドライブからミドルラインドライブへ

同じようにベースラインドライブからミドルラインドライブへのコースチェンジをおこなうこともあります。

ベースラインドライブに対して、ビッグマンはサークルルールに従ってペイントエリアに入ることを目指します。また逆サイドのペリメーターはコーナーへの移動を図ります。

しかしボールマンがドライブを止められて、ミドルライン方向にドリブルチェンジをおこなったら、ビッグマンは合わせるコースをベースライン側に変えます。コーナーに下りていたペリメーターも、自分のディフェンスを見ながら、ボールマンがパスを出せるアングルを見つけて、そこに移動します。

チームで連動する（合わせの3原則）

「チャンスのための隣とのスペーシング」を知る

ドライブに対する「ビッグマンの合わせ方」や「ペリメーターの合わせ方」をそれぞれ紹介しましたが、実際のゲームではそれらが連動しなければいけません。

ディフェンスはドライブが起こると、抜かれてしまった味方（ディフェンス）を助けるために、ボールに向かっていきます（ヘルプ）。このときボールマン以外のオフェンスがボールから離れるような動きをすれば、ディフェンスとの距離が遠くなります。これが合わせをおこなうスペーシングの大原則です。

しかしみんなが同じ方向に動いてしまうと、今度は隣との距離が近くなってしまいます。ここで重要になってくるのが「チャンスのための隣とのスペーシング」です。

ドライブに対しては「離れる」動きが大原則ですが、同時に「隣のオフェンスとの距離を保つ」こともおこなわなければいけません。なおかつ「パスが見える位置」でなければいけません。

合わせの3原則は「ボールから離れつつ、隣と近づきすぎずに、パスが見えるアングルに立つ」です。

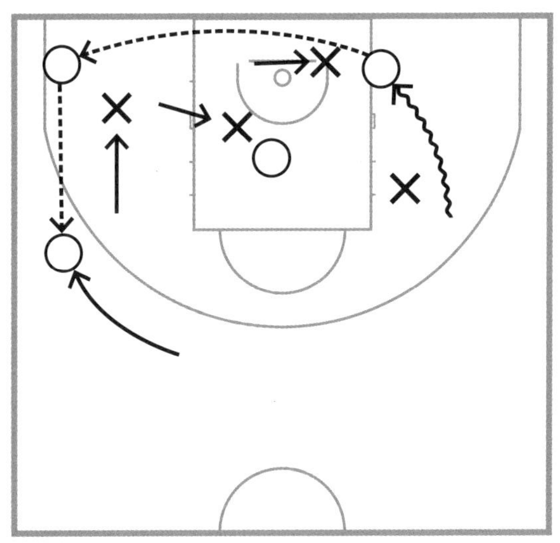

遠すぎる

※パスの強さ、アウトサイドの選手の人数、ディフェンスの状況によっては遠すぎることが間違いではないケースもあることにも注意。

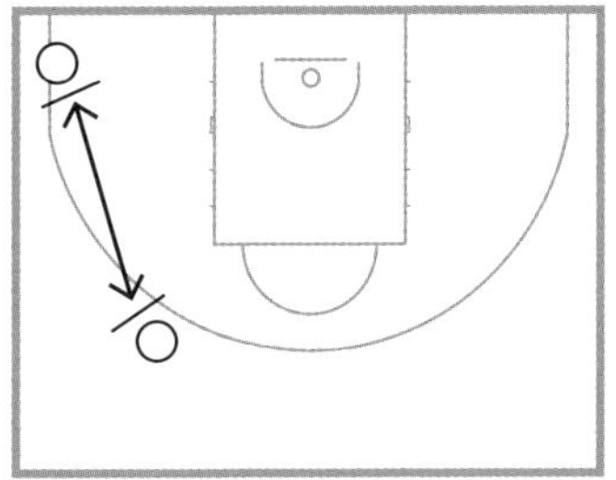

近すぎる

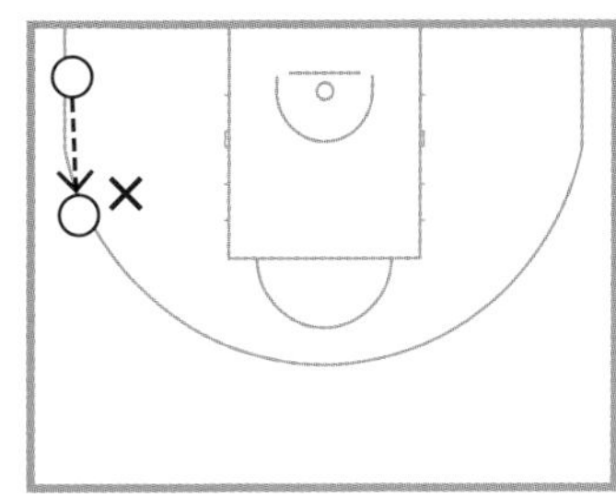

GOOD

動いても隣との距離を保つ

ボールとは逆サイドのペリメーター2人の動きです。ドライブに対して1人のディフェンスがヘルプに行ったとします。このとき2人のペリメーターはそれぞれコーナーとウイングに移動します。コーナーでパスを受けたとき、ウイングのディフェンスがローテーションをして来たら、コーナーからウイングにパスを出します。

このときコーナーとウイングの距離を5~6メートル空けておくと、コーナーに行ったディフェンスが簡単には戻れなくなります。なぜなら人の動きよりもボールの動きのほうが速いからです。

5~6m

ローテーション

合わせの優先順位

ドライブに対するビッグマンおよびペリメーターの基本的な合わせ方を紹介しましたが、ボールマン以外の選手が一斉に合わせようとするとポジションが重なり、ボールマンはパスを出しづらくなります。

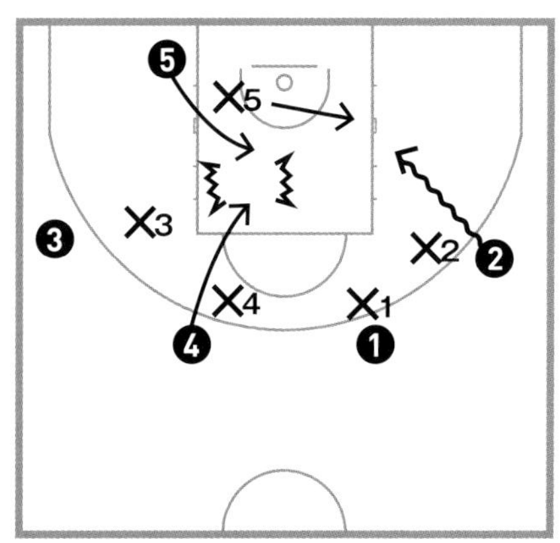

最優先はファーストヘルプのオフェンス

このときチームで「優先順位」の約束事を決めておくとよいでしょう。これはチームによって変えてよいところです。「うちにはすごく背の高いビッグマンがいる」、「私たちのチームにはシュートの確率が高いシューターがいる」など、チームの特徴に合わせて優先順位を決める方法もあります。

合わせの優先順位で一番わかりやすいのは、ドライブが起きたときに、そのドライブを止めに行ったヘルプのディフェンスが守っていたオフェンス（図では❺）の合わせを最優先にすることです。最初のヘルプ（「ファーストヘルプ」）のオフェンスを「合わせの優先順位」の第1位として、そこからチーム全体で優先順位に従って動いていきます。

オフェンスがペイントエリア内に攻め込むと、たいていファーストヘルプが動き出します。この段階でオフェンスにアドバンテージ（優位）が生まれます。いかにファーストヘルプに行かせるかがポイント。ドライブであれ、ピック＆ロールであれ、それらは単に得点を取るためだけでなく、ファーストヘルプに行かせるための手段でもあります。これが現代バスケットのオフェンスのコンセプトになっているほどです。

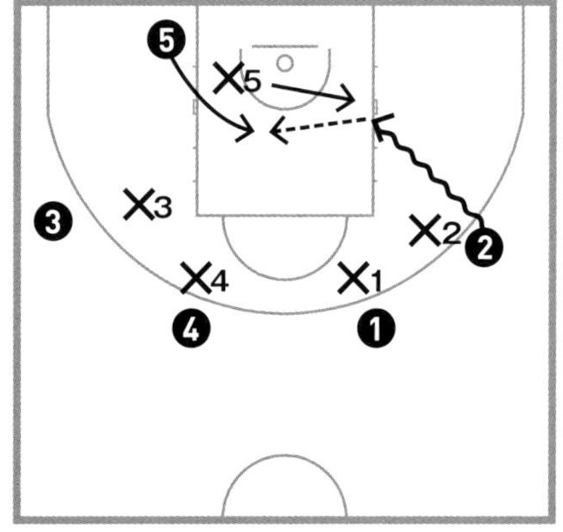

セカンドヘルプのオフェンスは「遠い」ところへ

ペイントエリア内は得点の確率が高いため、ディフェンスはチームで守ろうとします。図の❺が「サークルルール」で合わせようとすると、ペリメーターのディフェンス（図ではＸ３）がヘルプに寄ってくることがあります。これを2番目のヘルプを意味する「セカンドヘルプ」と呼びます。

このときセカンドヘルプに行ったＸ３が守っていた❸は、Ｘ３から離れるようにして合わせます。セカンドヘルプのオフェンスが「合わせの優先順位」の2位となります。この場合でいうとコーナーに移動してパスを待ちます。

そうすると次はＸ４がコーナーに移動した❸を守りに行こうとします（ローテーション）。このとき❹は隣にいるＸ１がローテーションしにくく、それでいて❸からパスを受けやすいポジションに移動します。

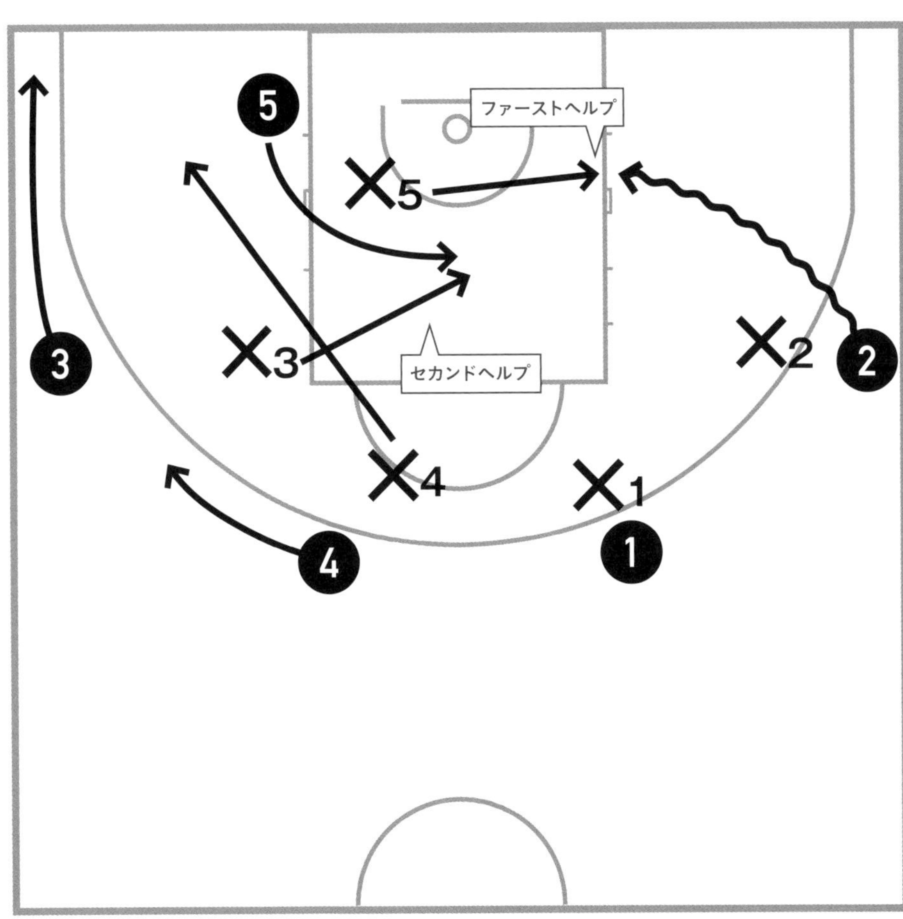

合わせの優先順位

優先順位を理解しよう

チームオフェンスでは優先順位を全員が理解しておく必要があります。たとえば、ファーストヘルプのディフェンスが守っていたビッグマンがデッドローで合わせたとします。ペリメーター（❸）のディフェンス（X３）がデッドローにセカンドヘルプに行くと、❸はX３から遠いポジション、つまりウイング近辺でパスを待つことになります。

このとき隣にいた❹がウイングに近づきすぎると、❸と重なってしまいます。ここでの合わせの優先順位は❹よりも❸のほうが高いため、❹は❸の合わせに対応して、❸に近づきすぎないようにポジションを微調整する必要があります。

優先順位の第１位は「ファーストヘルプのオフェンス」、第２位は「セカンドヘルプのオフェンス」と覚えておきましょう。

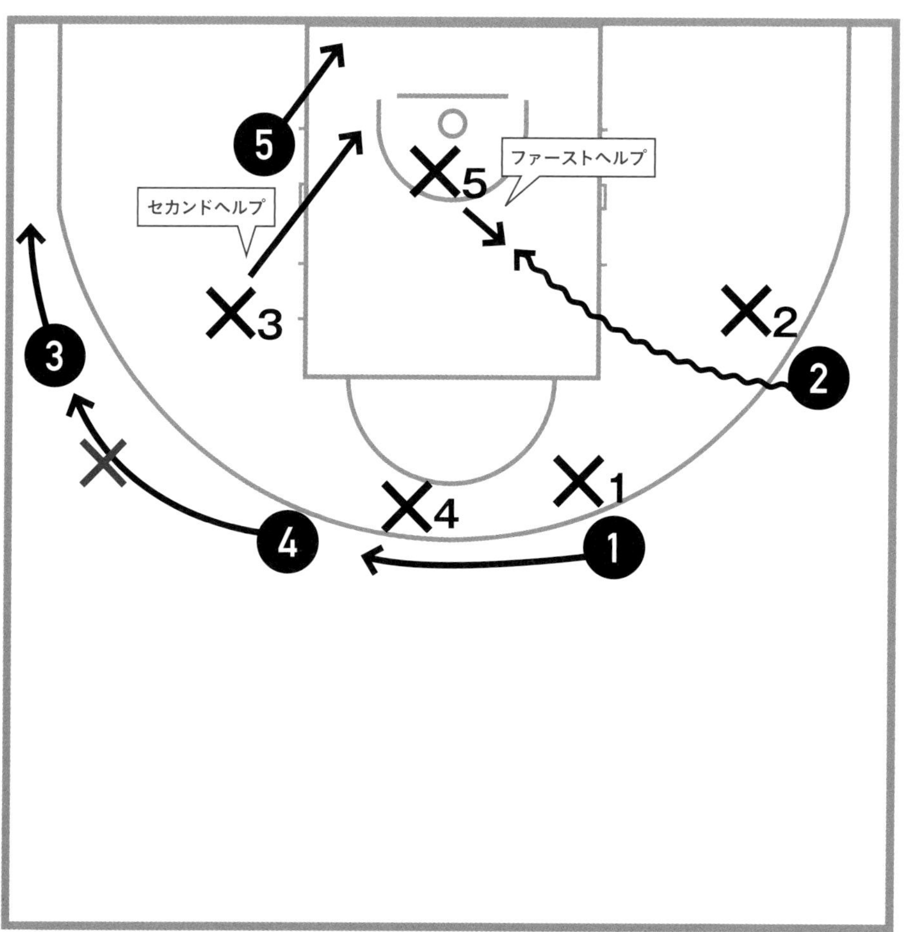

次々に展開していくオフェンスをイメージしよう

オフェンスが常に同じプレーを繰り返すことはまずありません。ドライブの位置や角度が毎回微妙に異なりますし、戦術的なメインアクションの違い（たとえばピック＆ロールを多用するチームもある）によって、より適切なスペーシングも変わってきます。そうした違いにフレキシブルに対応するためにも、合わせのスペーシングの理解を深めることが大切になります。

たとえば下図のように❹のドライブに対してＸ５がファーストヘルプ、❺の合わせに対してＸ２がセカンドヘルプをしたとき、次の優先順位は❷になります。❷はＸ２から離れるようにしてウイングに上がろうとしますが、このとき❶が「自分はウイングで合わせたい」と動き出すと❷と重なってしまい、しかもＸ１を連れているため、❹はパスを出すことができません。

右下図のオフェンスで❷がコーナーに留まったらどうなるでしょうか？　❶がウイングに移動してきてもスペーシングが取れるような印象があるかもしれません。しかし❷がコーナーに留まるとボールマン❹からのパスの距離が長くなり、かつセカンドヘルプに行ったＸ２との距離が近いため、Ｘ２が❷のディフェンスに戻りやすくなります。

❷がＸ２から離れるようにウイングに移動すれば、❹からのパスの距離が短くなり、かつＸ２が❷のディフェンスに戻る距離が長くなるため、次のオフェンスに移りやすくなります。もしＸ１がローテーションで守りに来ても、❶がＸ１から離れる動きをしていれば、「エクストラパス（次のパス）」でチャンスを広げることができます。

このように全員が合わせの原則と優先順位を理解してスペーシングを取っていけば、おのずとシュートチャンスが生まれやすくなります。

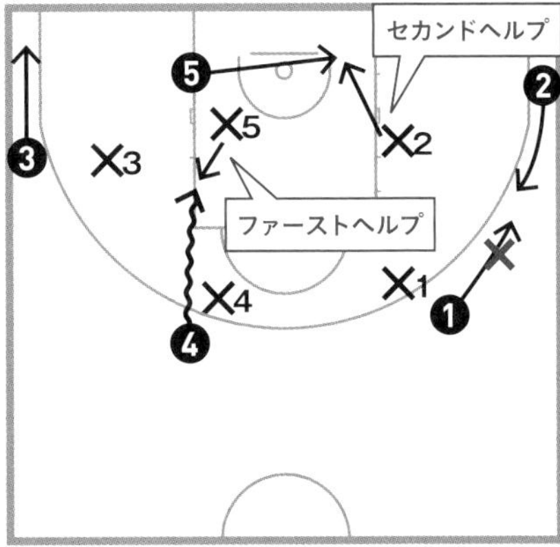

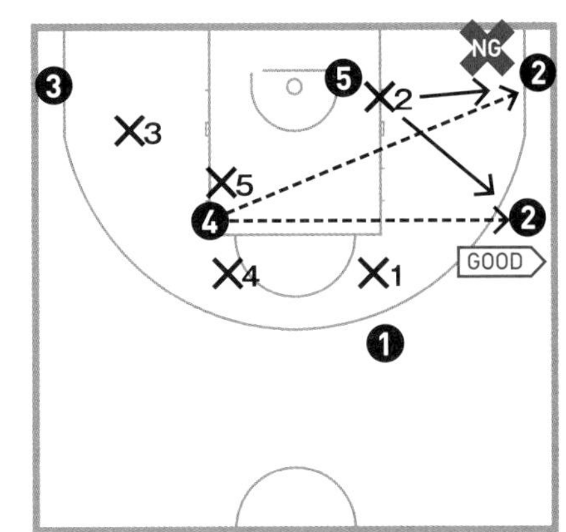

リロケート

パスを出した後、すぐにその場を離れる

GOOD

ディフェンスのレベルが上がってくると、ヘルプからのローテーションが早くなってきて、簡単にアウトサイドシュートを打つことができなくなります。このときクローズアウトをカウンターで攻める（P26-27）わけですが、最初にドライブをした選手がペイントエリア内やその近辺に残っていると、カウンターでドライブをするスペースがなくなってしまいます。

ドライブからキックアウトパスを出した選手は素早くその場を空けて、基本的にはボールと逆サイドに走り抜けましょう。この動きを「リロケート」と呼びます。この動きは育成年代から習慣づけておいたほうがよいポイントのひとつです。

リロケート

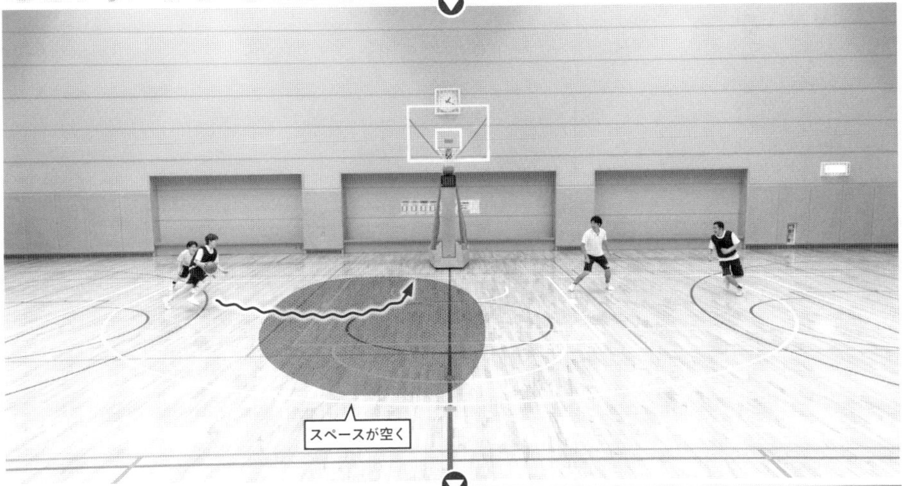

スペースが空く

リロケート

ドライブからキックアウトパスを出した選手がペイントエリア内に留まっていい理由はほとんどありません。写真のようにセカンドドライブを邪魔することになり、スペーシングとしても狭くなります。トランジション（攻守の切り替え）が遅れる理由にもなります。「次はどこへ動くべきか？　その次はどうしたらいいか？」を判断することが「スペーシング」では何よりも大切になりますが、ペイントエリア内に留まってしまうと全体を見渡せません。判断の習慣づけができなくなるので、アウトサイド（ペリメーター）の選手であれば、まずは周りを見られる位置にリロケートしましょう。

残ると・・・

リロケート

ベースラインドライブで逆サイドに抜けていくとき

ベースラインドライブをしたとき、シュートを打てず、ペイントエリア内でビッグマンに合わせることもできず、さらにはペリメーターにも合わせられない場合があります。そのときはドリブルをしたまま逆サイドまで抜けていきます。逆サイドまで抜けたときに、ようやくパスコースが見つかってパスを出したら、そのまま「リロケート」します。

ボールマンから離れなければいけないと考えて、ペイントエリア内を横切ろうとすると、やはりドライブの邪魔になってしまいます。ボールマンが何をしたいかを見極めて、次のアクションを決めることが大切です。

ここではボールマンがセカンドドライブをしようとしているので、最初にドライブをした選手は、抜けたサイドのコーナーにリロケートします。

何をするのかな？
・・・ドライブだ!!

リロケート

ピック&ダイブやカッティングでも同じ

「リロケート」はドライブの際に限った話ではありません。ピック＆ダイブ（ピック＆ロール）でパスを受けたビッグマンが、ペリメーターのディフェンスにヘルプをされたら、ノーマークになっているペリメーターにパスを出すことがあります。このときも「リロケート」をしてペイントエリア内を広くしておきましょう。

　そうすると、ボールを受けた選手はドライブができますし、それを守られた場合には合わせの動きで攻めることができます。

リロケート

コラム②

期待値の高いシュートを選択する

①ノーマークのゴール下

② フリースロー

③ 競り合ったゴール下

▲

④ 3ポイントシュート

※スキルレベルによって入れ替わることもあります。

⑤ ノーマークのミドルシュート

⑥ 競り合ったミドルシュート

「期待値の高いシュート」は、確率と点数をかけ合わせて算出します。たとえば最も期待値の高い「ノーマークのゴール下」のシュートの確率が90%だとします。10本打てば9本が決まるはずなので、得られる得点は18点です。つまり1本あたり1.8点というのが期待値となります。

次に期待値の高いシュートが「フリースロー」で、「競り合ったゴール下」のシュートが続き、4番目に「3ポイントシュート」が挙げられます。

この順番に引っかかる読者がいるかもしれませんが、現代バスケットでは3ポイントシュートがとても重要といわれています。それはシュート力がついてくれば、3ポイントシュートの「期待値」が高くなるからです。

たとえば、ある選手の3ポイントシュートの確率が40%だとします。3ポイントラインの一歩内側（2ポイントシュート）の確率も、ほぼ同じ距離なので、40%だとします。それぞれ10本打ったときに、3ポイントシュートは4本入って「12点」。2ポイントシュートも4本入りますが、得られるのは「8点」。ここに「4点」の差が生まれます。ですから、同じくらいの確率であれば、2ポイントシュートよりも3ポイントシュートのほうが「期待値」が高いのです。スペーシングで3ポイントラインの外側に構える理由のひとつでもあります。

ディフェンスの状況をよく見て、できるだけ「期待値の高いシュート」で合わせていきましょう。

第3章

4アウト1イン

4アウト1インの基本形

4人のペリメーターと1人のビッグマン

基本的に「4アウト1イン」のペリメーター（アウトサイド）は「2ガード（ツーガード）」と「2ウイング（ツーウイング）」でポジションを取ります。2ガードはフリースローレーン（ベースラインから垂直に伸びる線）の延長線上の、3ポイントラインを出たところに立ち、2ウイングはフリースローラインの延長線上の、3ポイントラインを出たところに立ちます。2ウイングがコーナーに近いスペースまで広がっておくのもよいスペーシングです。

ここで考えるべきなのは、ビッグマンの置き方（立ち位置）です。1人のビッグマンが強烈な強さを持っているとしても、それを生かすのか、それともペリメーターのアタックを優先させるのかという点です。それによって1人のビッグマンの置き方が変わります。アウトサイドからの合わせを考えると、ビッグマンはボールの逆サイドのローポストにいたほうがスペースが整います。

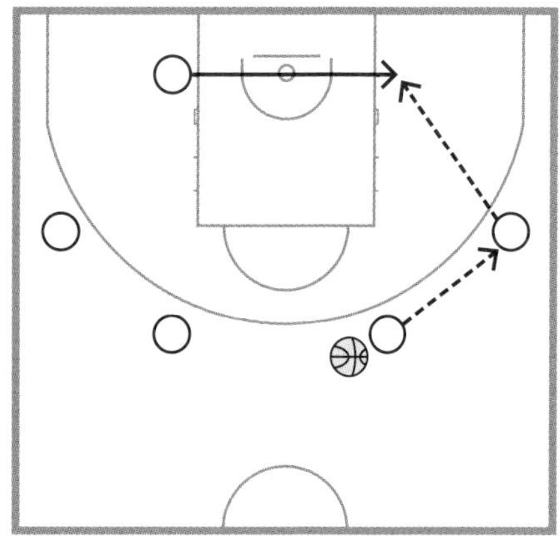

ビッグマンがボールとは逆サイドのローポストにいても、ボールがガードからウイングに渡るタイミングで、ボールサイドのローポストに移動してくれれば、タイミングよくパスを受けることができます。

隣との距離が短かすぎる

4アウト1インのメリットのひとつは、アウトサイドの4人の距離を保ちやすいことです。しかし下写真のように、ウイングがボールを受けたいとの気持ちが強すぎた状態でボールマンに近づくと、その距離が短くなり、ボールマンがドライブをしたときにウイングのディフェンスに守られてしまいます。

ウイングのベースラインドライブ①
ファーストヘルプに対する合わせ

　ボールを受けたウイングの選手がドライブをしたときの合わせを紹介します。

　ウイングの選手がベースラインドライブをしたら、最初に考えられるファーストヘルプはビッグマンのディフェンスです。それに対して逆サイドのローポストにいたビッグマンは「サークルルール（P36）」に基づいてペイントエリアの中央部付近に動きます。ボールマンはディフェンスとビッグマンの動きを見ながらパスを出しましょう。

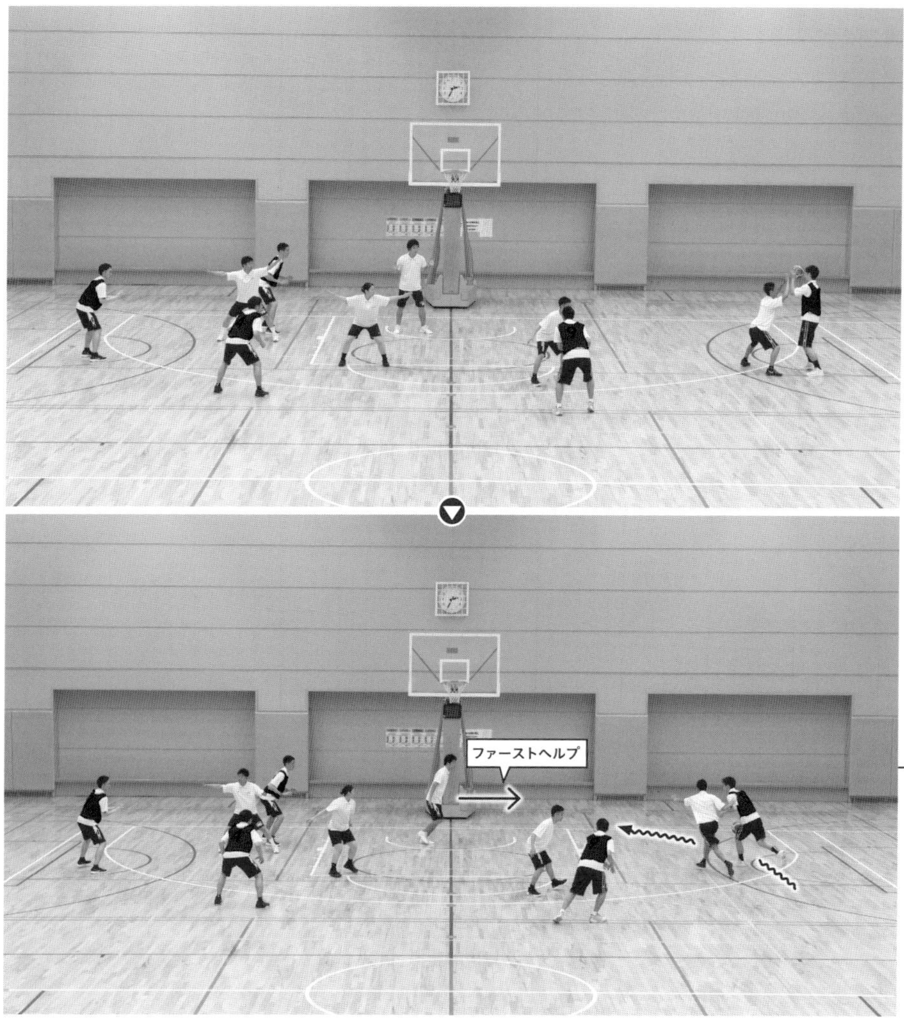

サークルルール

ウイングのベースラインドライブ②
セカンドヘルプに対するキックアウト

ベースラインドライブをして、ビッグマンのディフェンスがファーストヘルプに来たとき、ボールマンはヘルプディフェンスを見ると同時に、「サークルルール」で合わせたビッグマンを守りに来ているディフェンス（セカンドヘルプ）の動きも見なければなりません。

この場合、逆サイドのウイングを守っていたディフェンスがセカンドヘルプでビッグマンを守りに来ます。このときボールマンは逆サイドでウイングからコーナーに移動したペリメーターにパスを出しましょう。写真のようにセカンドヘルプがペイントエリアの深くまで守りに来ていたら、ビッグマンがスクリーンでその動きを止めることができます。

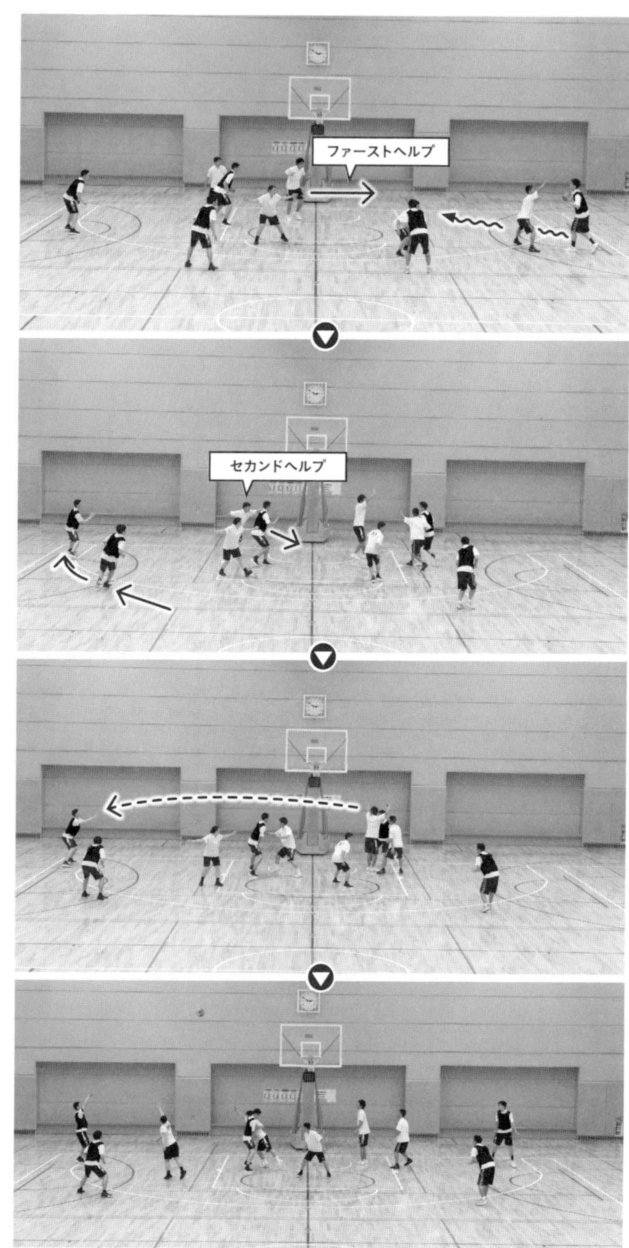

コーナーへのローテーションが早いとき

ベースラインドライブから逆サイドのコーナーへパスが渡ったとき、ウイングに移動してきたペリメーターのディフェンスが、コーナーに向かってローテーションをしてきたら、コーナーの選手はウイングにパスを出しましょう。

ウイングの選手はシュートを打つか、あるいはそのパスに対して次のディフェンスがローテーションで迫ってきたら、カウンターのドライブ(P26〜27)でそのディフェンスを抜きます。このときペイントエリア内で最初に合わせようとしていたビッグマンは、ボールとは逆サイドのローポストにリロケートしておくことが大切です。

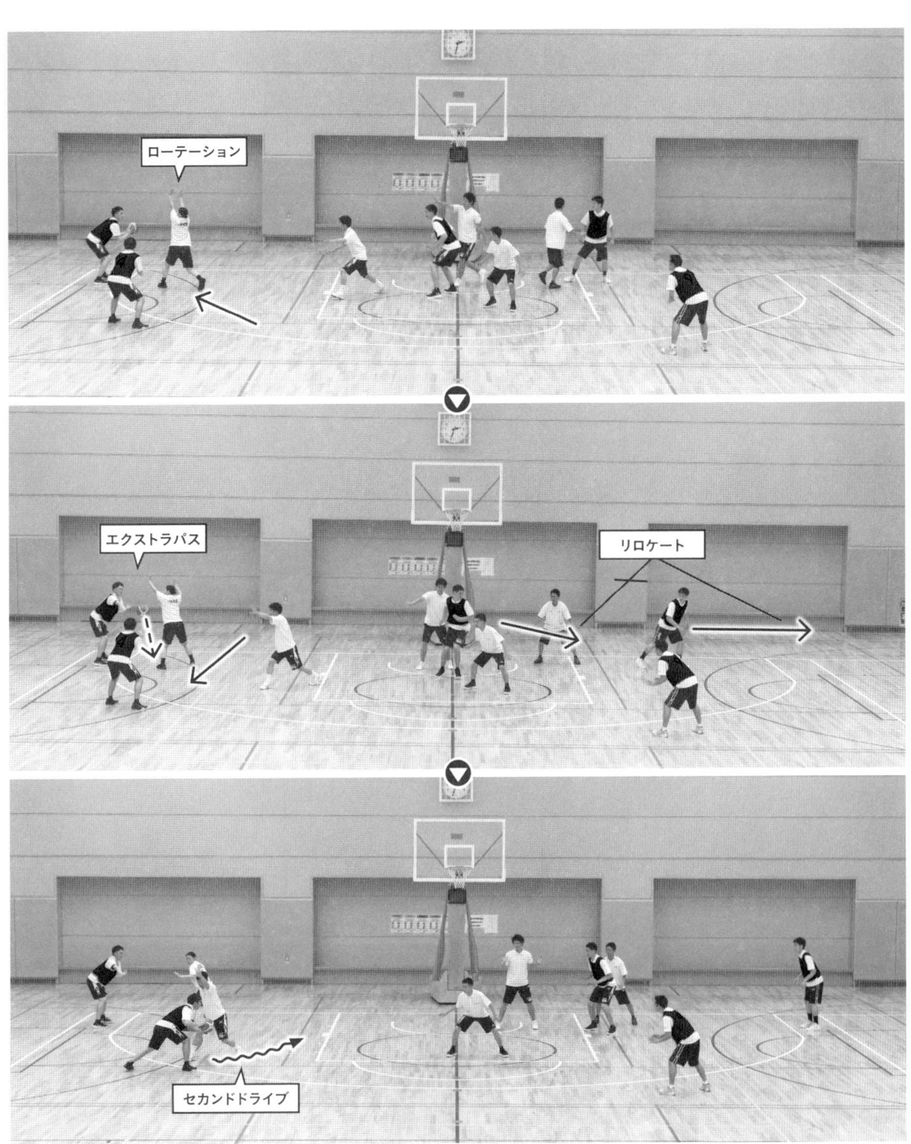

ウイングのミドルラインドライブ
ファーストヘルプに対する合わせ

ウイングがミドルラインドライブを選択したときに大切なのは「どのディフェンスがファーストヘルプに来るか」を判断することです。

写真ではビッグマンのディフェンスがファーストヘルプに来たので、ビッグマンが「サークルルール」に従って、ベースライン沿いを移動することでパスを受けています。

ただし、選択肢はそれだけとは限りません。ビッグマンのディフェンスが早めにヘルプしてきたら、ボールマンとビッグマンとの間に大きなスペースが生まれます。その場合、ビッグマンは「サークルルール」を選択せずにデッドローで大きく構えてパスを受けるプレーもできます(P40)。「サークルルール」は、動き出しのタイミングがずれると、ヘルプに行ったディフェンスの陰にビッグマンが隠れてしまうデメリットがあります。スペースがあれば、「デッドロー」を活用するのもいいでしょう。

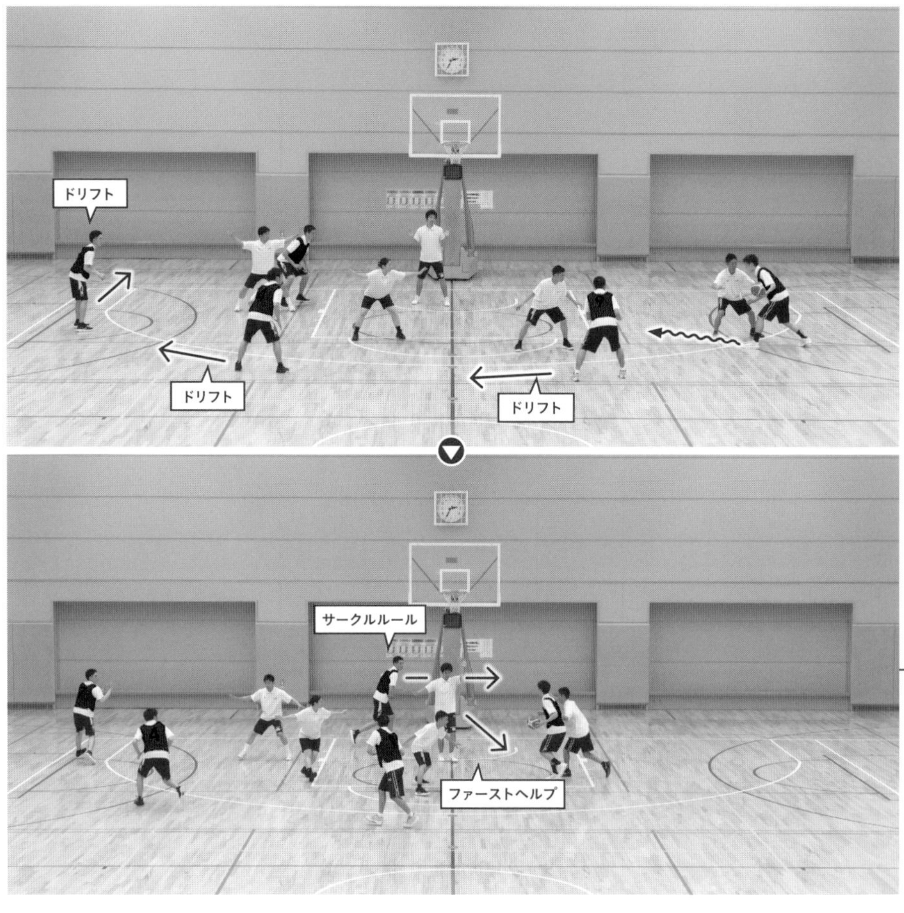

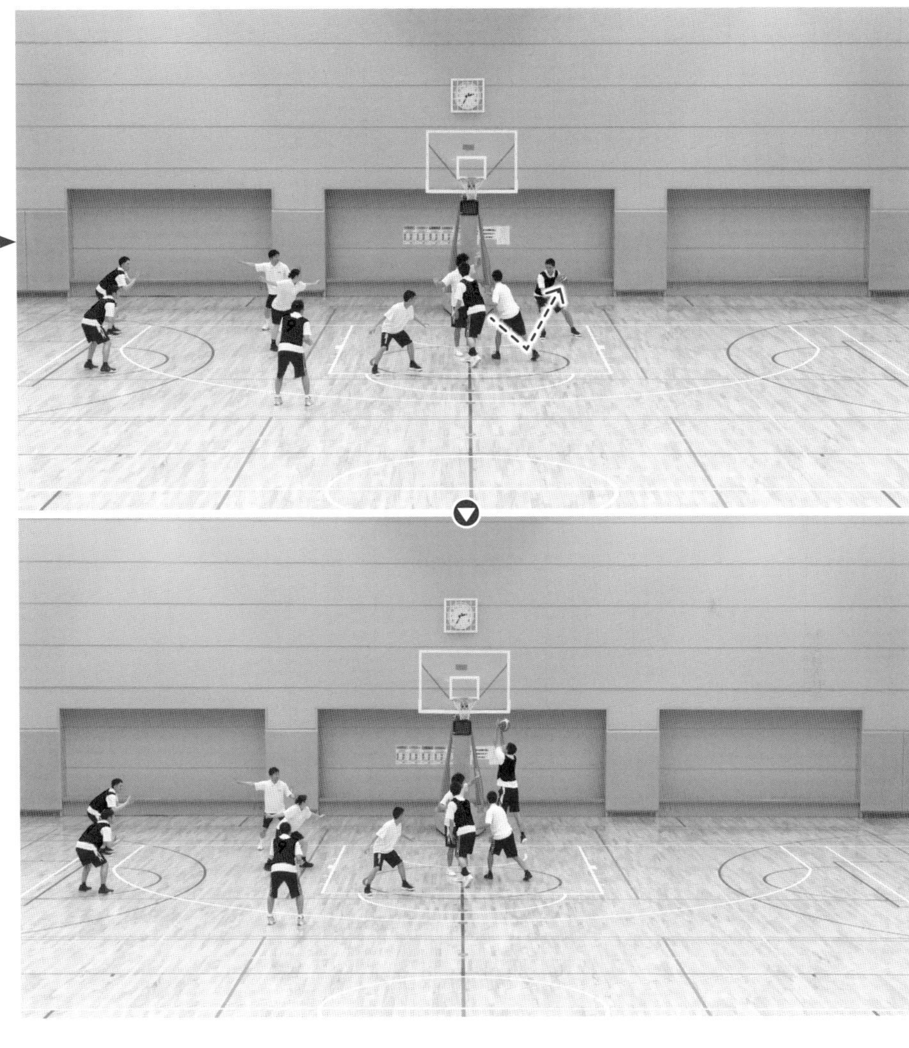

またペリメーターのディフェンスがヘルプに来ることもあります。ウイングのディフェンスがヘルプに行ったら、ウイングはコーナーへ移動しましょう。

逆サイドのガードのディフェンスがヘルプに行ったら、ガードはディフェンスから離れるようにしてウイングに移動し、パスを受けます。このとき元々ウイングにいた選手がコーナーに移動するのはいうまでもありません。

ガードのベースラインドライブ①
ファーストヘルプに対する合わせ

トップ（ツーガードポジション）の選手がドライブをしようとしたら、同じサイドのウイングはコーナーにドリフトしましょう。そうすることにより、自分のディフェンスをボールマンから遠ざけ、ドライブをしやすいスペースを生み出します。

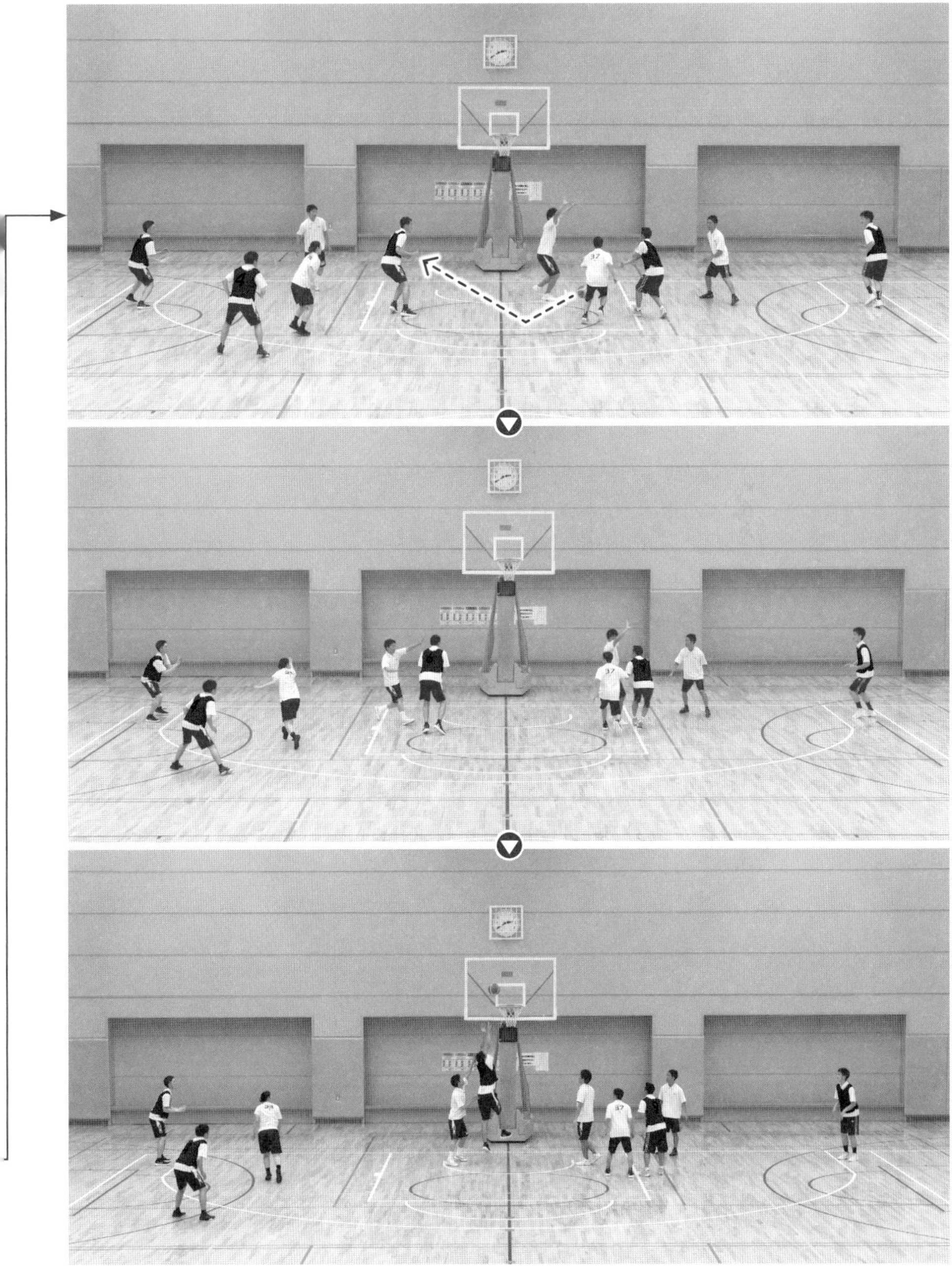

　ガードがベースラインドライブをすると、たいていの場合、逆サイドのローポストにいたビッグマンのディフェンスがファーストヘルプに来ます。ビッグマンは「サークルルール」に従って、ペイントエリアの中心部で合わせましょう。

ガードのベースラインドライブ②
セカンドヘルプに対するキックアウト

ガードのベースラインドライブにビッグマンが合わせようとしたとき、ウイングのディフェンスがセカンドヘルプとしてビッグマンを守りに来ることがあります。このときウイングにいた選手はコーナーに移動して、ボールマンからパスを受けることができます。逆サイドのトップにいた選手はウイングに移動しましょう。

ガードのベースラインドライブ③
ボールサイドのヘルプに対する合わせ

ガードのベースラインドライブに対して、ボールサイドのウイングのディフェンスがヘルプに来たら、コーナーに移動した選手にパスを出しましょう。

しかしこのディフェンスだとコーナーに移動した選手がノーマークになってしまうので、ボールサイドのウイングのディフェンスがヘルプに来ることはあまりありません。ディフェンスの視点としては、ボールサイドのウイングのディフェンスは「(体を完全にボールマンに向けた) フルボディのヘルプをしない」ことが原則になります。

もしウイングのディフェンスがヘルプに行くのであれば、ボールマンを守っていたディフェンスがコーナーを守りに行く「エックスチェンジ」と呼ばれるディフェンスしかありませんが、この状況ではボールマンのディフェンスがボールマンの内側にいるので「エックスチェンジ」しにくい状況にあります。

ディフェンスの「スタント」に注意！

ボールサイドのウイングのディフェンスは「フルボディのヘルプをしない」のが原則ですが、上手なディフェンスは「スタント」をうまく使います。「スタント」とは、ヘルプに行くふりを一瞬して、すぐに自分のマークマンに戻る動きのことです。ボールマンが「ヘルプに来た」と判断してコーナーに出すパスを、狙うこともできます。ボールマンはディフェンスのスタントの動きに注意しましょう。

ガードのミドルラインドライブ①
ファーストヘルプに対する合わせ

ガードのミドルラインドライブに対して、逆サイドのローポストにいたビッグマンのディフェンスがファーストヘルプに行ったら、ビッグマンは「サークルルール」に従って、ベースライン沿いを移動し、パスを受けましょう。

またビッグマンには、ディフェンスが早めにヘルプに行った場合、デッドローで大きく構えてパスを受ける選択肢もあります。

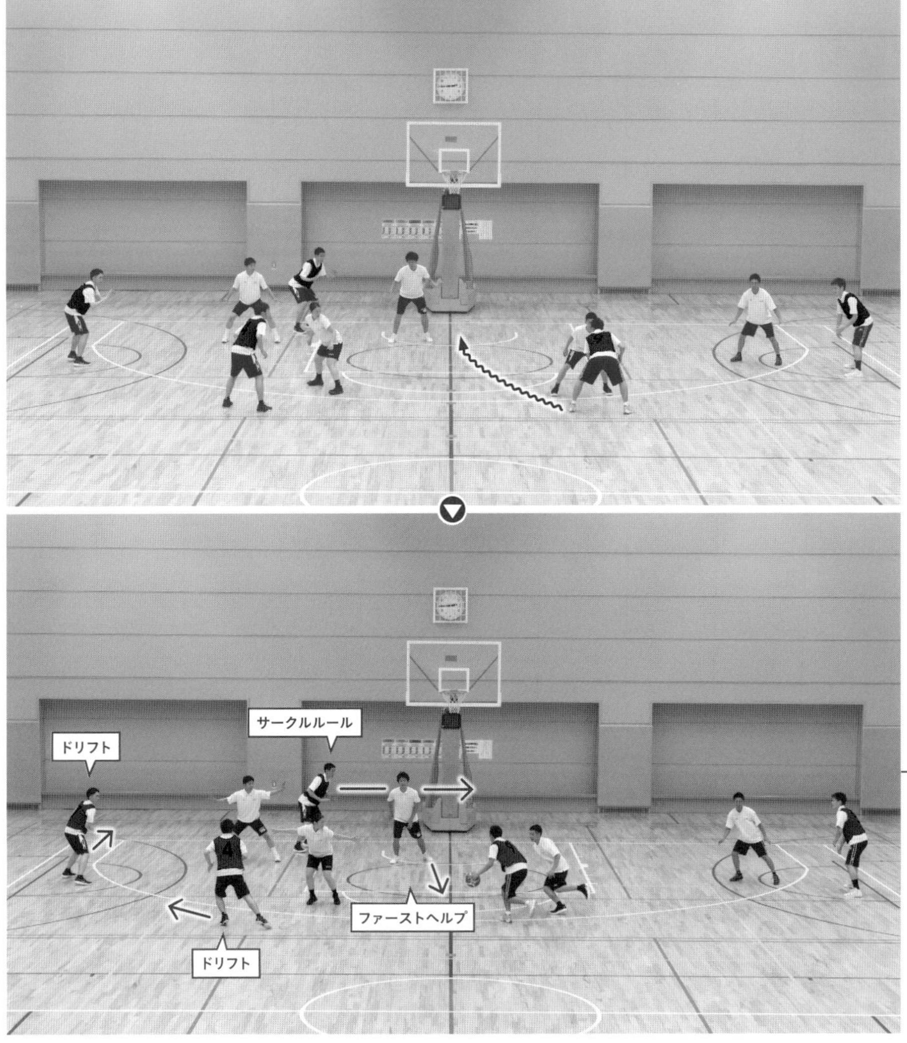

ガードのミドルラインドライブ②
ファーストヘルプに対するキックアウト

ガードのミドルラインドライブに対して、逆サイドにいる2人のペリメーターは、それぞれドリフトの動きで、ガードからウイング、ウイングからコーナーへと移動します。

写真のようにビッグマンのディフェンスではなく、コーナーに移動した選手のディフェンスがヘルプに来たら、コーナーがノーマークになります。

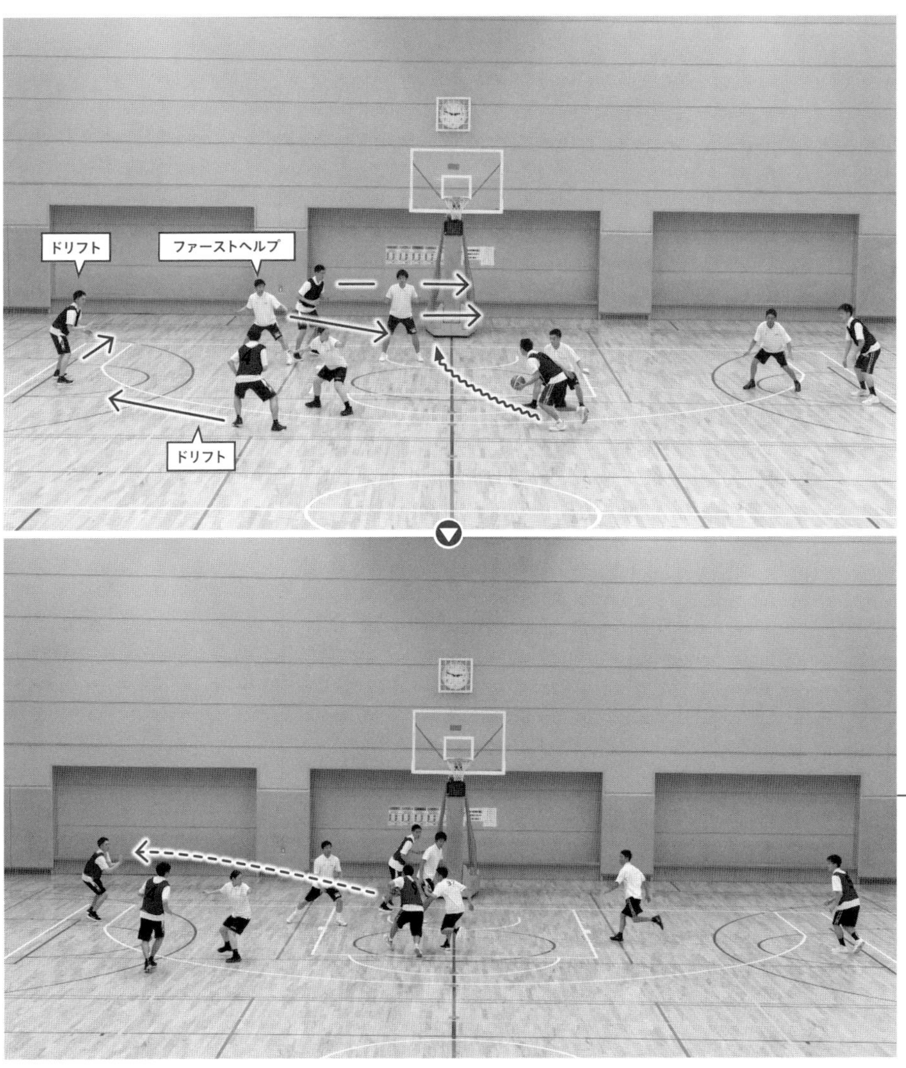

セカンドヘルプに対するキックアウト

ビッグマンのディフェンスがヘルプに来て、なおかつウイングのディフェンスがデッドローに構えるビッグマンを守りに来たら、ウイングがチャンスになります。

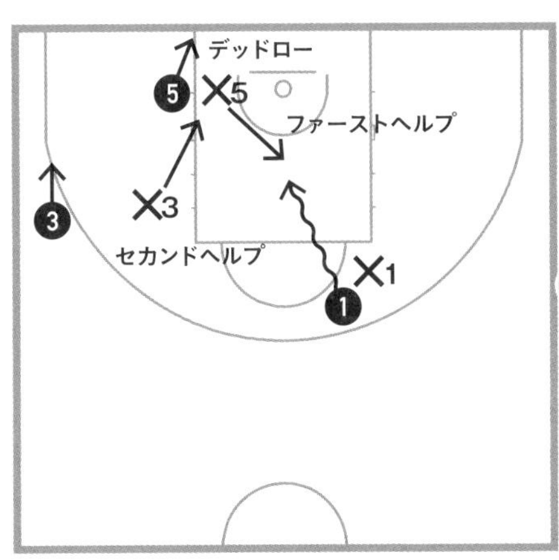

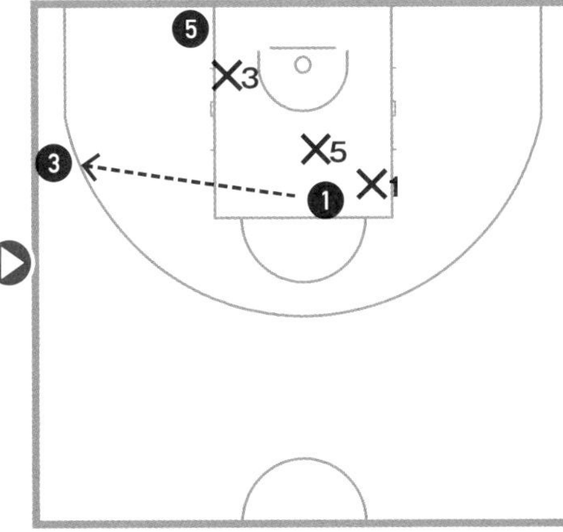

ガードのミドルラインドライブ③
大きく動かずに待つ合わせ

ガードのミドルラインドライブに対して、ビッグマンがベースライン方向に動いて合わせようとしたときは、ボールサイドのウイングのディフェンスがセカンドヘルプに来ることが考えられます。この場合、ボールサイドのウイングはその場に留まり、ボールマンが見えるアングルに微調整して動きましょう。

ボールマンはセカンドヘルプの動きを確認できたら、ウイングあたりで待つ選手に素早くパスを出します。このときストップして、ピボットを踏んでパスを出そうとすると遅くなり、セカンドヘルプのディフェンスに戻れる時間を与えてしまいます。ドリブルをしていた手でそのままフックパスを出すか、体をひねりながらオーバーヘッドパスを出しましょう。

クローズアウトの
距離が長い

連続した攻撃でのスペーシング例①

セカンドドライブは広いスペースを攻める

ウイングがベースラインドライブをしたとき、ビッグマンにもコーナーにもパスコースを見つけられない場合にはそのままドリブルをして逆サイドに抜けていく手段があります。このとき一度はベースライン方向に動いたペリメーターはセンターライン方向に移動し直します。

ボールマンからパスを受けたウイングは、カウンターでディフェンスを抜くことができますが、ここでは注意が必要です。最初のドライブで抜けてきた選手がいる方向（ベースライン）にセカンドドライブをするとディフェンスが残っている可能性があります。セカンドドライブはより広いスペースを見つけてドライブをすることがポイントになります。

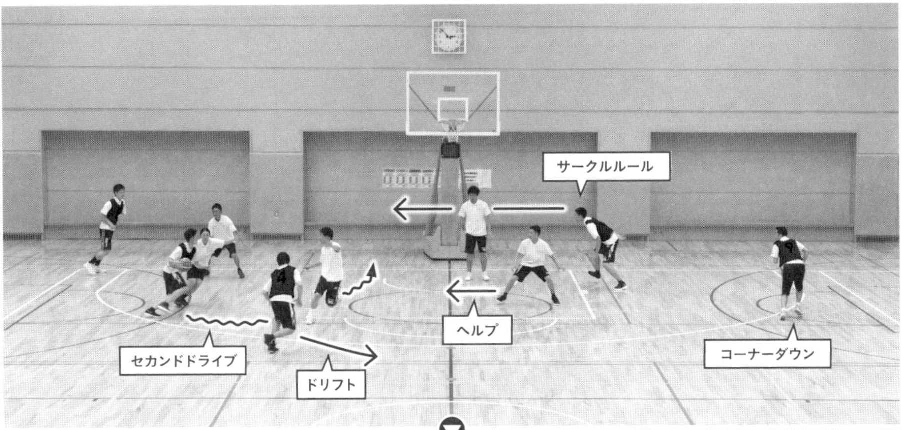

サークルルール
ヘルプ
セカンドドライブ
ドリフト
コーナーダウン

上の写真ではセカンドドライブでミドルラインドライブを選択しています。そのドライブに対して逆サイドのペリメーターのディフェンスがヘルプに来た場合は、コーナーに動いたペリメーターがノーマークになります。

連続した攻撃でのスペーシング例②
連続したミドルラインドライブで攻める

ガードの選手がミドルラインドライブをしたとき、ビッグマンは「サークルルール」に従ってベースライン沿いを移動します。それに対してボールサイドのウイングを守っていたディフェンスがセカンドヘルプをすると、ウイングがノーマークになります。

ガードはストップから体をひねってオーバーヘッドパスを出します。パスを出したら逆サイドのコーナーにリロケートしましょう。それに合わせて、逆サイドのペリメーターもポジションを取り直します。

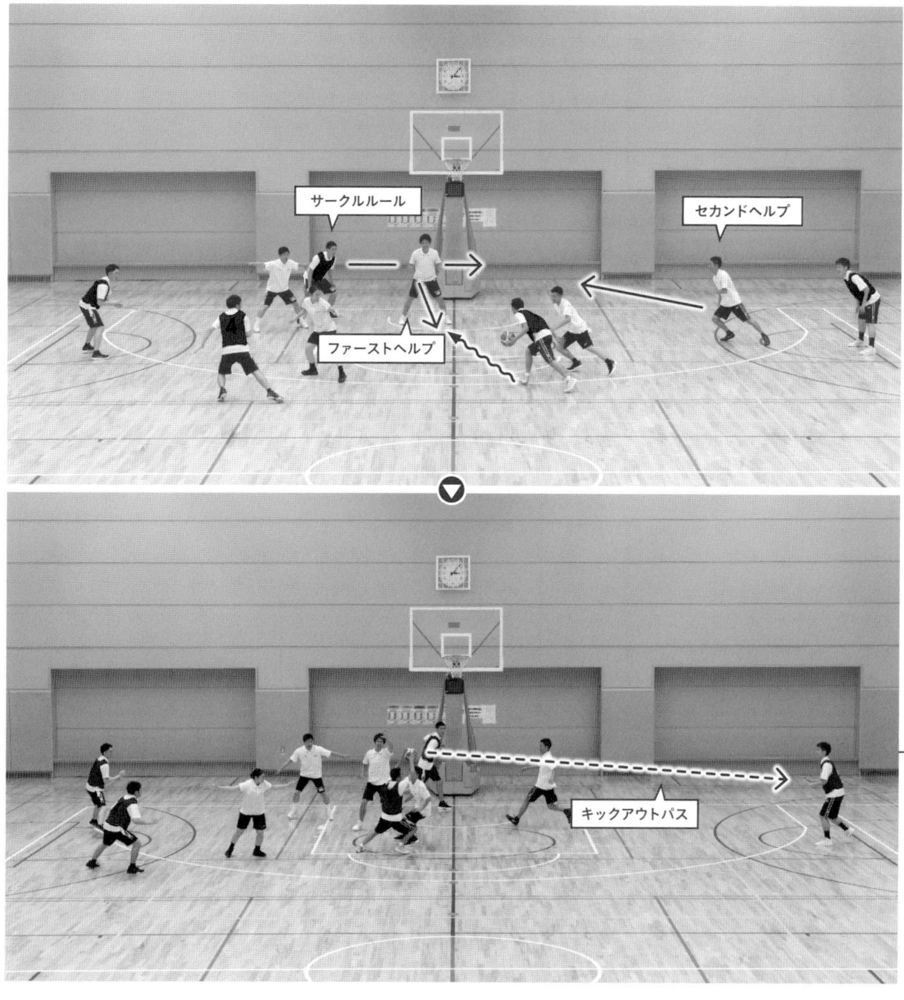

ボールを受けたウイングは、ディフェンスのクローズアウトが速ければ、カウンタードライブで攻めます。ここでも広いスペースがあるミドルラインドライブを選択しますが、それに対してビッグマンのディフェンスがヘルプに来たら、ビッグマンがノーマークでパスを受けることができます。

このように適切なスペーシングを取っていれば、広いエリアを攻めることで得点シーンを次々に生み出せます。

ポストフィード①
ポストの1対1を狙う

ビッグマンが強烈な高さや強さを持っているときはポストアップしたビッグマンにパスを入れる「ポストフィード」からのプレーも有効です。

ガードからウイングにパスが渡った瞬間に、ビッグマンは自分のディフェンスとの間合いを一気に詰めてポストアップします。ウイングはポストにパスを入れたら、逆サイドのコーナーに向かって「レイカーカット」する方法もあります。そうすることでポストが1対1をおこなうための広いスペースが生まれます。

ほかの3人のペリメーターはポストの1対1を妨げないようにし、なおかつ、それぞれの距離を保ちながらスペーシングを取りましょう。

レイカーカット

上の写真のように「レイカーカット」をしてポストの1対1をしやすいスペーシングを作ることもできますが、図のように、単にペリメーターの4人がポジションをずらす方法もあります（図1）。またディフェンスの状況を見て、ペイントエリア内にダイブした選手がコーナーに移動し、その他の選手がそれぞれの位置に移動することもできます（図2）。大事なことは、ポストの1対1を仕掛けようとするビッグマンの視野に、4人のペリメーターが入っておくことです。そうすることで次の展開に結び付けることができます。

図1

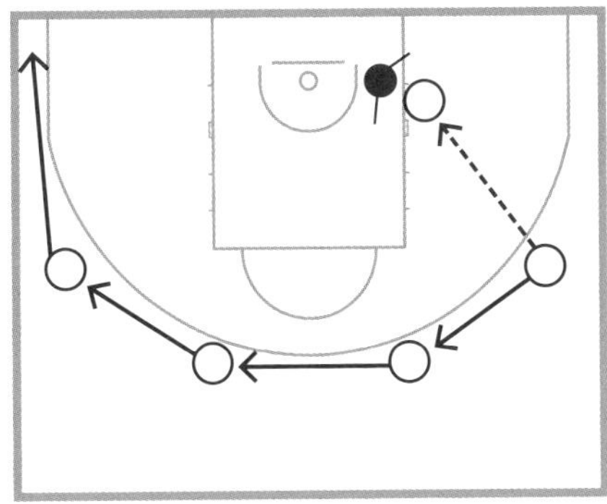

図2

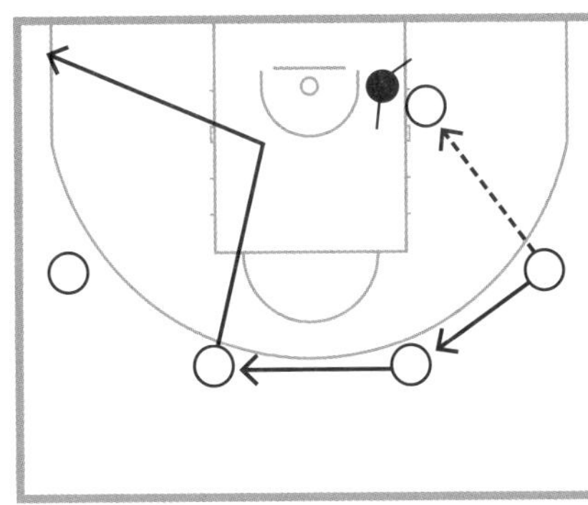

図3

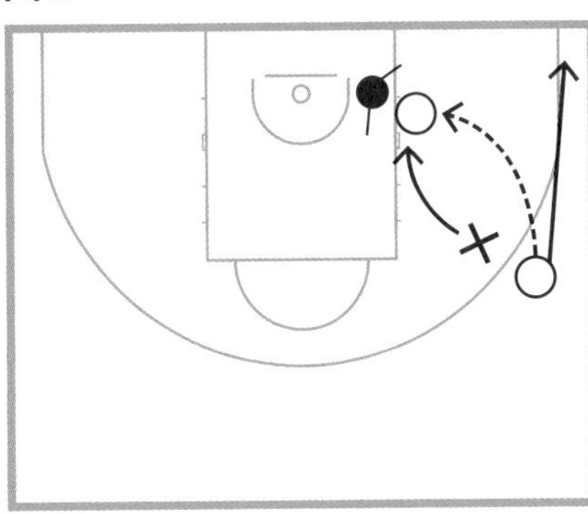

ポストフィードをした選手を守っていたディフェンスがポストにダブルチームで行くこともあります。そのときポストフィードをした選手がコーナーに降りるだけでもチャンスが生まれます（図3）。オフボールマンは状況に応じて、ディフェンスの守りにくい場所に移動しましょう。そこへディフェンスが守りに行こうとすると、クローズアウトに対するオフェンスを始めることができます。

ポストフィード②
パスアウトからドライブで攻める

ウイングはポストフィードをしたら、逆サイドにカットしていきます。パスを受けたビッグマンに対し、ガードのディフェンスがヘルプに寄ってきたら、ウイングに移動したガードにパスを出します。

ここからは単純な「クローズアウトゲーム（クローズアウトに対しておこなうプレー）」です。ウイングでパスを受けた選手はクローズアウトに対してカウンタードライブで攻めます（写真はベースラインドライブ）。ビッグマンのディフェンスがヘルプに来たら、ビッグマンはボールから離れるようにしてエルボー方向に動き、パスを受けましょう。

このように、インサイドがいる側でドライブが起きた場合は、ビッグマンはドライブのハイポスト方向へと素早く動いてスペースを作ります。

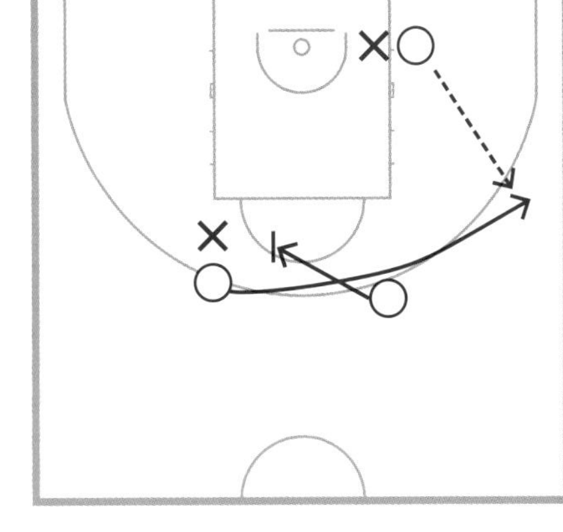

ペリメーターは同じ動きばかりをしているとディフェンスに読まれてしまうことがあります。そんなときはガードが逆サイドのガードにオフボールのスクリーンをかけ、スタート時に逆サイドのガードポジションにいた選手がボールサイドのウイングでビッグマンからパスを受けるという方法もあります。

ポストフィード③
パスアウトからピック＆ロールで攻める

ポストアップしたビッグマンが、ウイングのポジションを埋めたペリメーターにパスをしたら、そのままピック＆ロールで攻めるという方法もあります。

その場合、スクリーンの立ち位置は、写真のようにベースライン側に立つパターンと、その反対のミドルライン側に立つパターンがあります。どちらもチャンスを作るという意味では効果があります（写真ではベースライン側にスクリーンをかけたパターンを示しています）。ダイブでパスを受けたビッグマンがシュートを打てますし、それだけでなく、逆サイドのペリメーターにパスを出すこともできます。ヘルプディフェンスとの優劣（サイズ的なミスマッチなど）や、コーナーで待つシューターの調子などを瞬時に判断し、シュートを打つのか、パスを出すのかの判断を下しましょう。

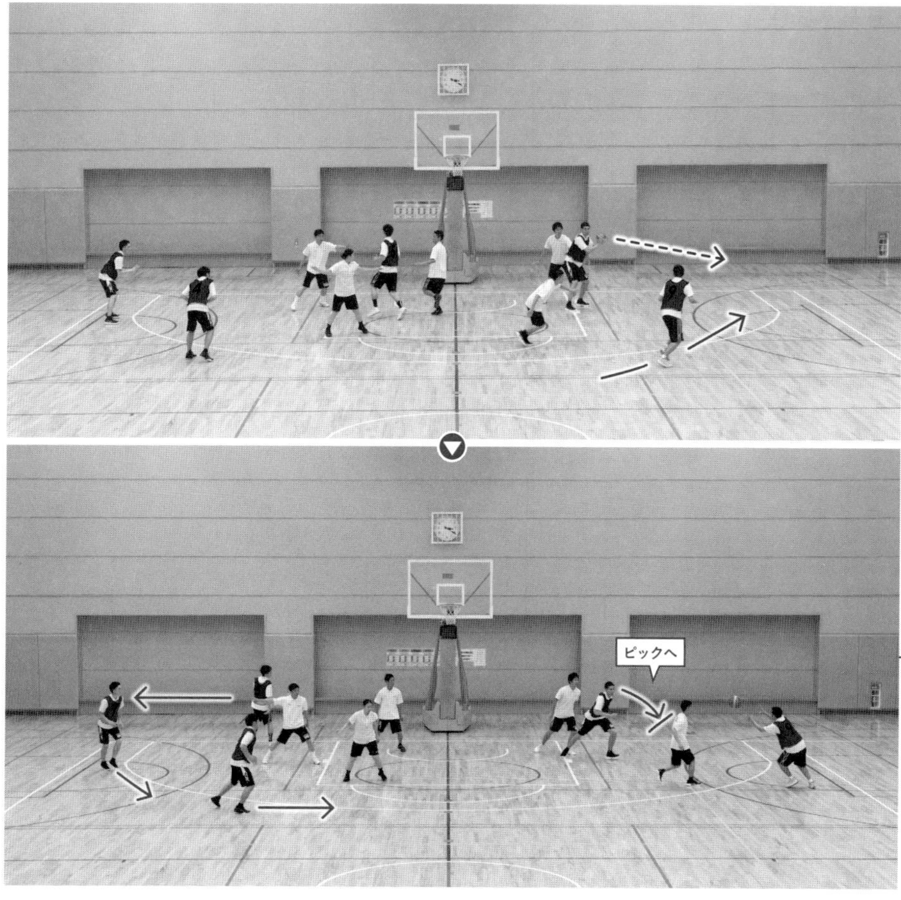

ポストフィード④
ポストから逆サイドへ展開する

ポストフィードを受けたビッグマンに対して、逆サイドのガードポジションを守っていたディフェンスが寄ってくることがあります。このときビッグマンはそのガードにパスを出します。

基本的には右サイドからパスを受けたら左方向（この図ではベースライン側）にドライブをしたいところですが、ウイングの選手がいるので、ドライブをするスペースがありません。そんなときはポストからガードにパスが飛ばされる瞬間に、ウイングの選手が逆サイドのコーナーへカットします。そうすることで、ボールの周りのスペースが広くなり、ドライブを仕掛けやすくなるのです。その後はベースラインドライブに対する合わせと同じになります。

<パターン1>

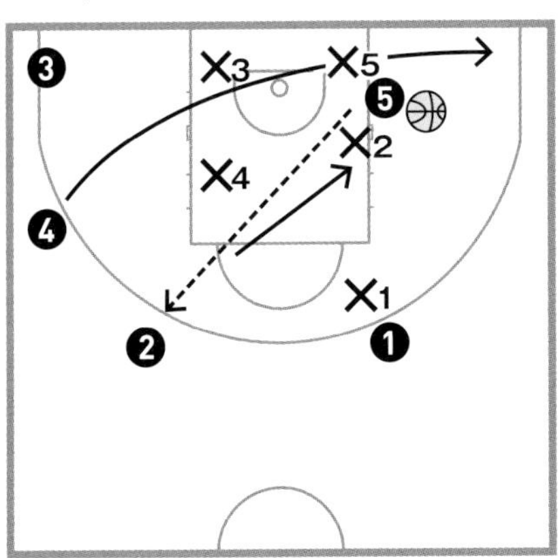

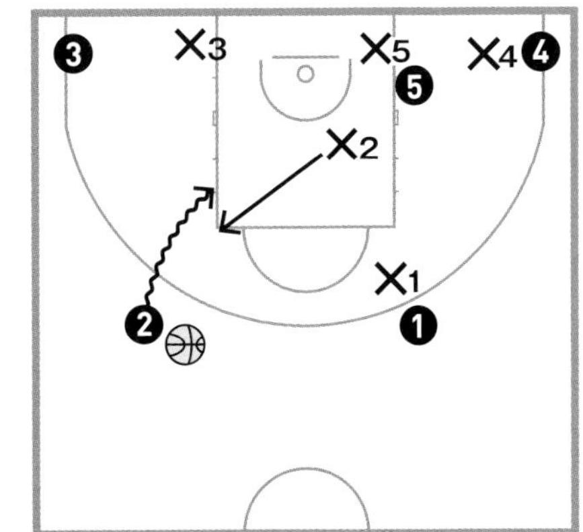

<パターン2>

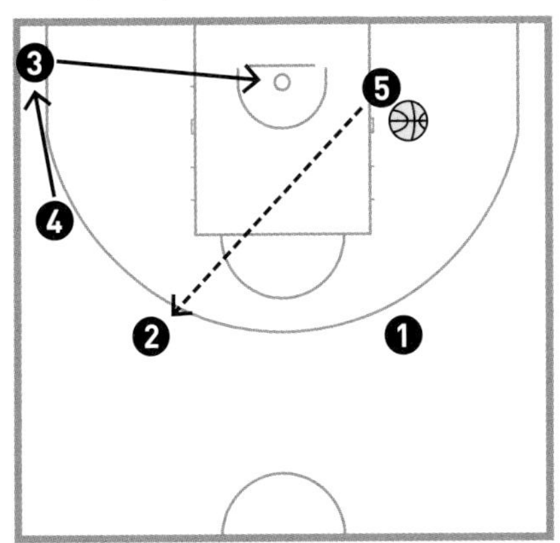

または、パターン2のように、コーナーの選手が先にバックカットを選んで、ウイングの選手がコーナーへ下りるというパターンもあります。

選手の特徴や能力に応じてパターンを使い分けることもできますが、高い判断力が求められるため、あらかじめチームでどちらを選ぶか決めておくのもよいと思います。

スペーシングでは対応力が求められる

ウイングやコーナーがカッティングをしなくても、ポストからパスを受けたガードの右サイドには大きなスペースがあります。カッティングよりも先に、ボールマンがディフェンスのクローズアウトに対してカウンターでミドルラインドライブができたら、それに対する合わせをおこないましょう。

スペーシングは「味方がこう動いたら、こう動く」といったセオリーではなく、シチュエーションに応じて、スペーシングのコンセプトに照らし合わせて、どう動くかが大切になります。たとえ誰かが動きを間違えたり、動き出しが遅くなったりしたとしても、その間違いを責めるのではなく、その間違いに周りの選手が対応できるように考え方を整理しておきましょう。

パス&カット①
パス&カットで攻める

スペーシングを活用するオフェンスのきっかけは「ドライブ」だけではありません。「パス&カット（「パス&ラン」や「ギブ&ゴー」といったりもします）」で攻める場合でも、ドライブと同じ状況を作り出すことができます。

ガードはウイングにパスを出したら、すぐに「ボールサイドカット」をおこないます。ボールを受けたウイングはカットした（走り込んだ）ガードにパスを出します（ガードのディフェンスの対応が遅れたことを前提としています）。

パスを受けたガードに対して、逆サイドのローポストにいたディフェンスがヘルプに来たら、ローポストにいたビッグマンは「サークルルール」に従って、ペイントエリア内でパスを受けましょう。

もし逆サイドのウイングを守っていたディフェンスがビッグマンの合わせに対してセカンドヘルプに来たら、ボールマンはコーナーに移動したウイングにパスを出します。

このように「パス＆カット」でも「ドライブ」と同じスペーシングを取って、攻めることができます。

パス&カット②
カットにパスを出せないとき

ガードがパス & カットでボールサイドをカットするのは基本的なプレーです。そのためディフェンスがカットに対応して守ると、ウイングはカットに対応してパスを出すことができません。

その場合でもオフェンスにチャンスはあります。ガードがカットしていることで、ボールを持っているウイングのミドルライン側に大きなスペースが生まれるので、ウイングはそのスペースを使って、ドライブをします。このときカットした同じサイドのコーナーへリロケートします。

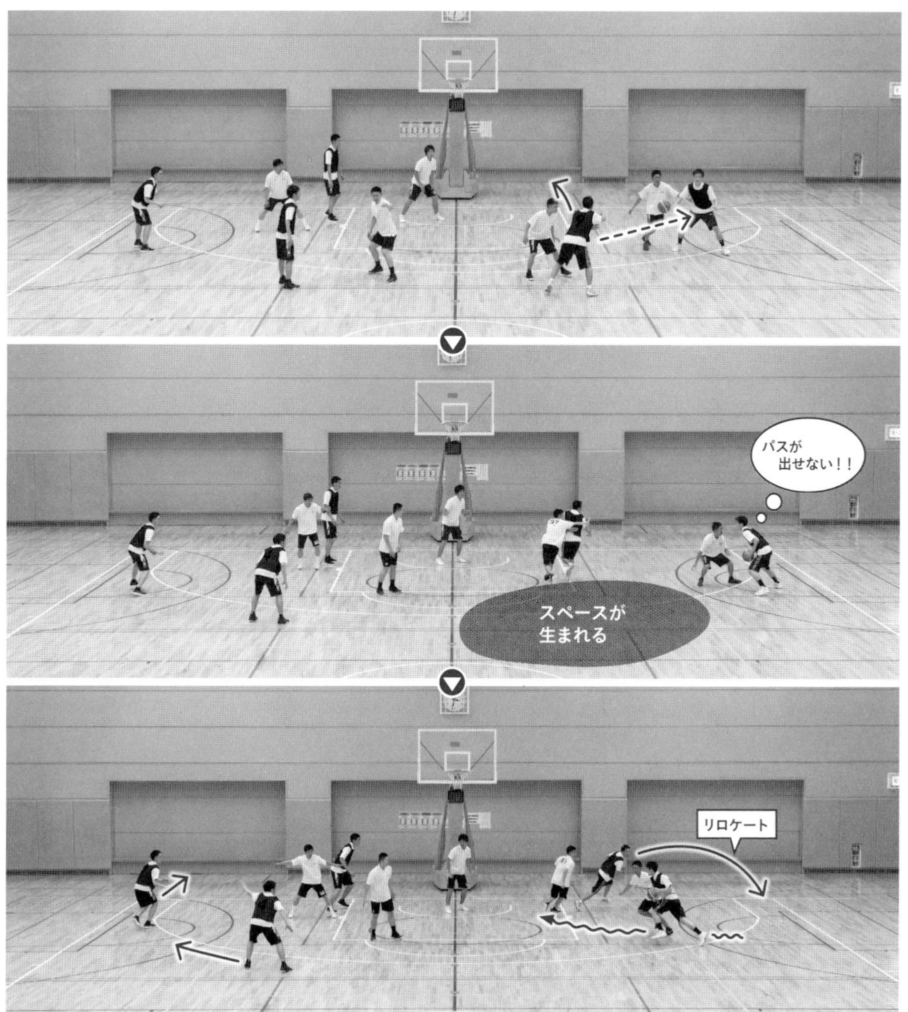

ウイングのミドルラインドライブに対して、ビッグマンはベースライン沿い、もしくはデッドローで合わせます（P40〜41）。このとき逆サイドのガードとウイングはそれぞれのディフェンスの守り方を見ながら、ボールから離れるような動きでスペーシングを取りましょう。

「パス＆カット」では常に「２ガード・2ウイング・１ポスト」を埋めることで、パスを展開する連続攻撃ができます。ただしオフェンスは一連の攻撃の中でディフェンスの対応の遅れを見つけて、ドライブを仕掛けるなどしてチャンスを作ることが大切になります。

トランジション①
4アウト1インにつながる基本的な速攻の出し方

バスケットには「トランジション」という言葉があります。「攻守の切り替え」を意味し、ディフェンスからオフェンスに切り替えるチームがこれを相手よりも速くおこなえば、より簡単に得点を取ることができます。またコートを大きく使って走ることで攻撃のリズムも作れます。

4アウト1インのスペーシングを採用しているチームのトランジションは、5人を3つのユニット（グループ）に分けておくとよいでしょう。

①ガードユニット：リバウンドを取った選手からボールを受けて運ぶ選手が1人。

②ウイングユニット：両ウイングを埋める選手が2人。

③リムラン＆トレイルユニット：相手ゴールに近い選手がゴールに向かってまっすぐ走り出し（ゴールは「リム」ともいうので、この動きを「リムラン」と呼び、それをおこなう選手を「リムランナー」と称します）、1インのポジションへ。最後尾から走ってきた選手（これを「トレイル」と呼びます。たいていはリバウンドを取った選手です）はツーガードポジションへ向かいます。

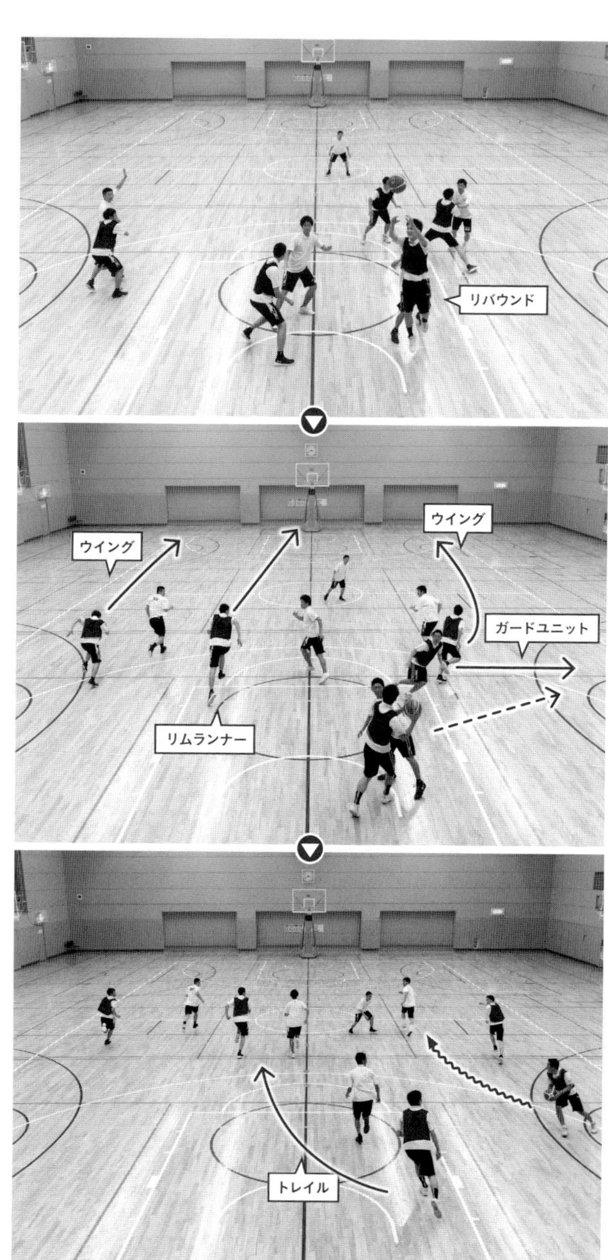

4アウト1インを採用しているものの、パワーフォワードにもセンターにもアウトサイドでのプレーを経験させたい場合、この3ユニットトランジションのルールはとても有効です。リムランナーになったプレイヤーがオフェンスごとにインサイド役を務めるルールにすることにより、1試合通してパワーフォワードとセンターはインサイドとアウトサイドの両方をおこなえます。

トレーラーが強力なビッグマンであるとき

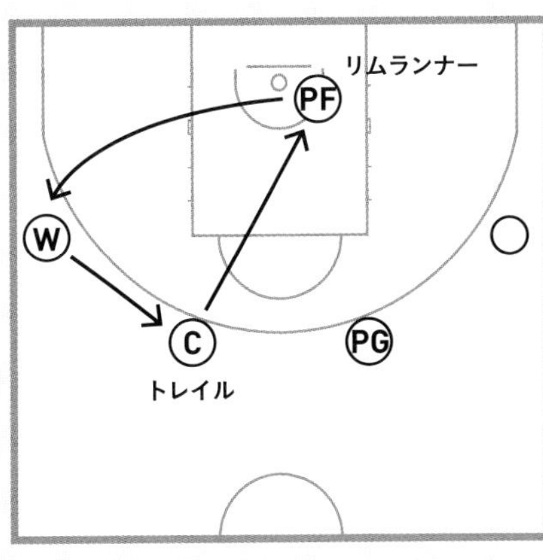

このトランジションではパワーフォワードがリムランナーになり、ビッグマンがツーガードポジションに入ることもあります。このビッグマンが強力なインサイドプレイヤーである場合、チームによってはビッグマンをペイントエリア内で使いたいと考えるかもしれません。そのときは左図のようにローテーションをして、ポジションを整える方法もあります。

トランジション②
同じサイドにウイングユニットが2人いる場合

トランジションで注意したい点のひとつとして、「ディフェンスの終わりは常にオフェンス次第」という考え方があります。相手の動きによっては、ウイングユニットの選手が同じサイドにいるときにトランジションが始まるケースもあります。

この場合の原則は相手ゴールに近い選手がボールサイドウイングへ、もう1人が逆サイドウイングへ走ります。

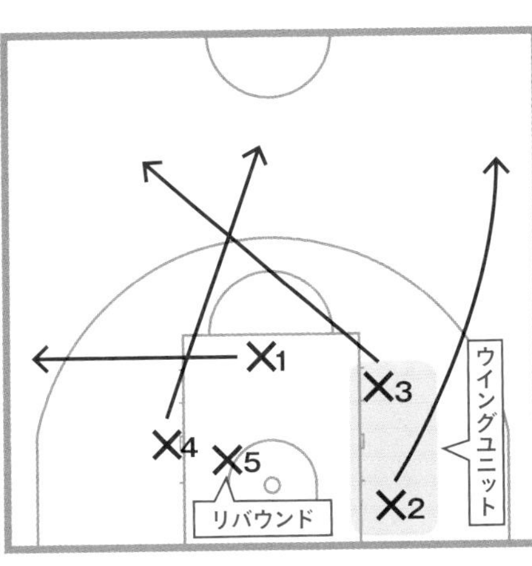

ウイングユニットの2人がリバウンドサイドと逆側にいた場合も同じ規律が使えます。相手ゴールに近い選手がボールサイドのウイングに向かい、遠いほうの選手がボールと逆サイドのウイングに向かって走ります。そうすることで、ボールを前に進めながら常にボールの周りにパスの選択肢を作ることができます。

ただし、これらは基本の形であり、相手の守り方次第では選手自身が判断して形を崩すことも必要になってきます。特にウイングに走る選手たちは、ディフェンスを置き去りにできていればゴールに向かうことが最大のチャンスです（P108）。そのときリムランナーはそのアウトサイドの選手の判断に対して邪魔なスペースに入らないよう、トランジションで走りながらスペーシングを整えて、合わせの動きやリバウンドに入れるようにしましょう。

トランジションの注意点

なんのためのトランジションなのかを忘れないようにしよう

ディフェンスからファストブレイクをし、そこからハーフコートオフェンスへとつなげる動きの例を示しましたが、トランジションオフェンスで最も大切なことを忘れないようにしましょう。それは「簡単に得点を取る」ことです。たとえばウイングに向かう役割を担う選手は、自分よりも前にディフェンスがいなければ、ウイングに向かうのではなく、ゴールに向かいましょう（図1）。

図1

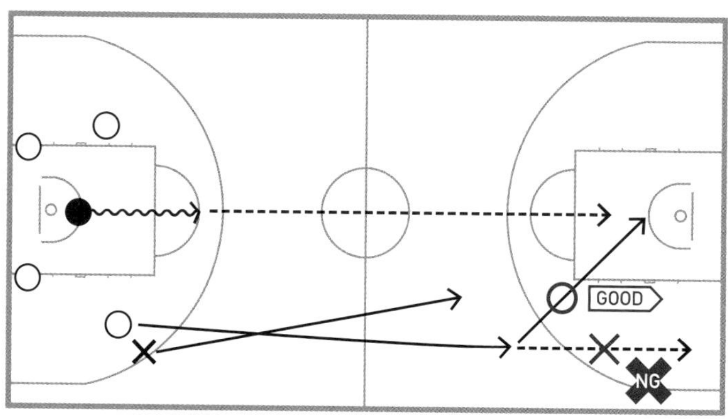

図2

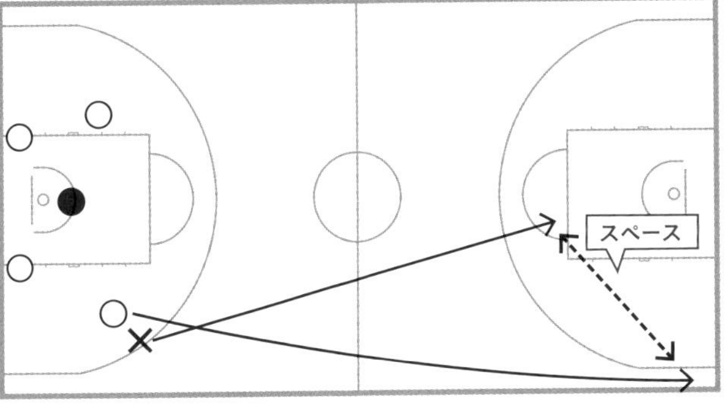

ディフェンスが戻っているからウイングに広げるのです。ディフェンスの目線でいえば、まずは「簡単に得点を取らせない」ことが第一になるので、ゴール付近を守る傾向にあります。そのディフェンスから離れたウイングもしくはコーナーの位置にいることで、ドリブルでボールを運んでいる選手からパスを受けられるのです（図2）。

図3 NG

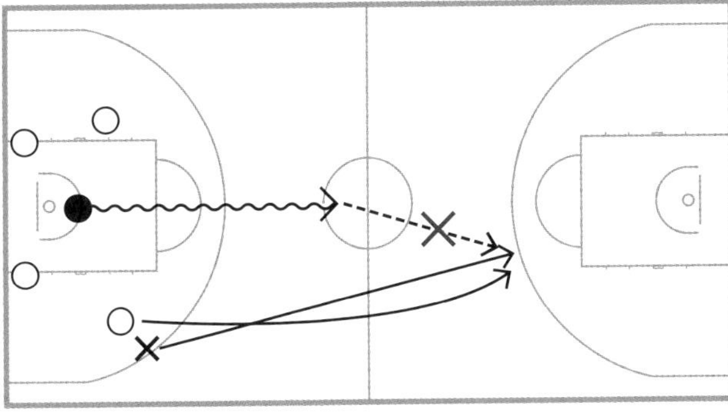

ディフェンスが近くにいるのに、シュートを決めたい気持ちが強すぎてゴールに向かってしまうと、ボールマンはパスを出せません。全力で走りながらも、ディフェンスがどこにいるのかを常に冷静に見て、判断しましょう（図1）。

トランジションの注意点

現代バスケットではトランジションのような速い展開の中でアドバンテージ（優位性）を見つけられる力が求められています。たとえばコーナーまで走り込んだウイングユニットにそれぞれディフェンスがついていたとすると、パスを出させません。しかしリムランナーのディフェンスが遅れていて、ウイングのディフェンスの1人がリムランナーを守りに動いた瞬間にボールマンがウイングにパスを出せたら、チャンスが生まれます（下図）。

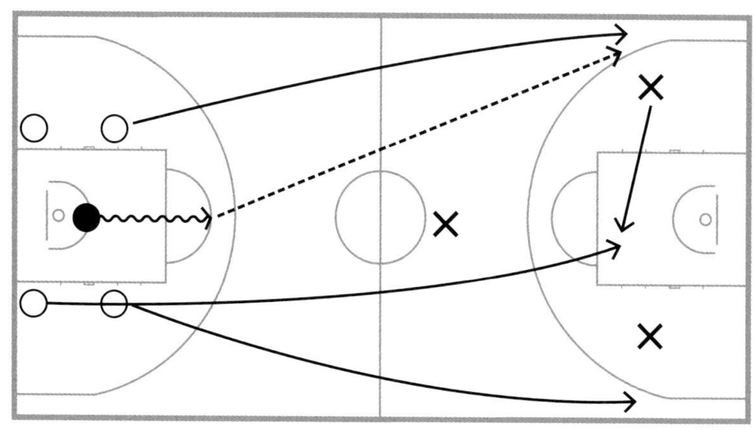

U12世代はパスの距離に注意

こうした考え方はU12（小学生）の年代から身につけておきたいものです。人の動きよりもボールの動きのほうが速いため、ボールマンはアドバンテージを見つけたら、早くパスを出したいところです。しかしU12ではバックコートからコーナーまでパスを飛ばせる選手は多くありません。その場合でもアドバンテージを見つける力があれば、ドリブルのスピードを上げることによって、コーナーにパスを飛ばせる位置まで素早く進み、チャンスを作れます（下図）。

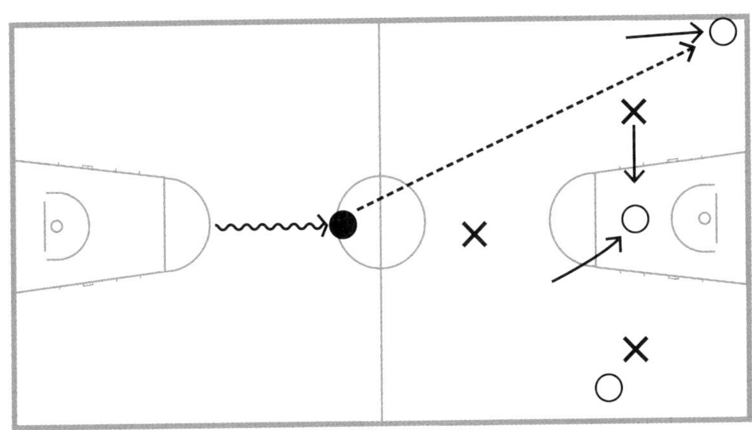

コラム③

動きのないオフェンスはダメなのか？

以前は「動きのないオフェンスは悪いオフェンス」といわれていました。世界的に見て身長面や体格面で劣る日本人はコートに立つ5人が動き続けることで世界に立ち向かおうとし、それが「日本人に合った、いいオフェンス」とされてきました。

たとえば「パス & カット」を何度も続け、ディフェンスの対応が遅れたところにパスを出すことでシュートチャンスを作っていきます。パスが小気味よくつながり、流れるような動きでディフェンスを崩していくのです。これはプレーしている選手としてもそうですが、見ている側からも「美しいオフェンス」といえます。

しかしスペーシングが失われるほど動きの多いオフェンスに意味があるのでしょうか？　特に現在はディフェンスのスキルや戦術が以前に比べると格段にレベルアップし、無駄な対応をしなくなっています。そうしたレベルアップしたディフェンスを崩していくためには、たくさん動くのではなく、ディフェンスが動いたことでできたスペースを活用するオフェンスを覚えなければなりません。

オフェンスが動いて作ったスペースよりも、ディフェンスが動かされてできたスペースのほうが、ディフェンスとしては守りづらいのです。だから、オフェンスが動き回りすぎると、かえってディフェンスにとって守りやすくなってしまうことも起こり得るのです。

育成年代では「判断力」を磨いていく必要があります。人がたくさん動き続けるオフェンスは、ボールを持っている選手にとって判断する要素が多すぎるという状況に陥りやすいものです。自分以外の味方とディフェンス、この9人分の情報を処理しなければなりません。ディフェンスを動かしてできたスペースを使うことで、判断力を養う際の判断基準がより分かりやすくなり、整理しやすくなります。

連続した「パス & カット」など、動くオフェンスは美しいものです。それで得点を取ることもできます。ただし「なんのために動くのか？」を常に考えて、次の動きを判断していくことが重要になります。

第4章

5アウト

5アウトの基本形

5人の選手がアウトサイド（3ポイントラインの外）にそれぞれ5メートルくらい離れて立つのが、「5アウト」の基本的な立ち位置です。この「5メートルくらい」という距離感が現代バスケットでは大切になります。こうすることにより、1人のディフェンスで2人を守れないようにします。もしトップの選手がドライブをして、ウイングのディフェンスがヘルプに寄ったら、ボールマンはウイングにキックアウトパスを出せます。ヘルプに寄ったディフェンスは元のマークマンに対して距離的に戻りにくくなるので、チャンスが生まれます。

昔は「トップ」、「ウイング」、「コーナー」などのように名前のついた場所（ポジション）に選手を配置していました。しかし今は「ボールマン」を基準に、そこから「5メートル、5メートル……」と考えるやり方が一般的です。ただし「5メートルくらい」といっても、コートのなかでメジャーを使って測ることはできません。選手間の距離がよいのか悪いのかは、キックアウトパスを受けた選手がノーマークになるかどうかで判断しましょう。

● 1ガード

● 2ガード

5アウトのNG例

5アウトでは5人の選手がアウトサイドにいるため、隣の選手との距離がなんとなく近くなりやすいというデメリットがあります。そうするとギャップが狭まり、ボールマンがドライブをやりにくくなります。

裏を返せば、5アウトではいかに1対1をできるようにするかが大切になります。ボールマンがウイングに移動しているのに、ハーフコートを縦に半分に割った片側に4人の選手が立つのはスペーシングとしてよくありませんし（上写真）、全員が3ポイントラインの内側に立ってしまうと（下写真）、1対1をすることがやはり難しくなります。

悪い例 1

悪い例 2

パス&カットで攻める①

5アウトでのパス&カットの基本形

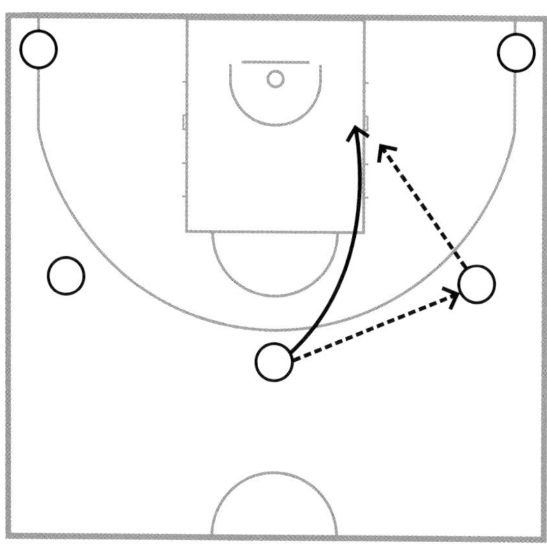

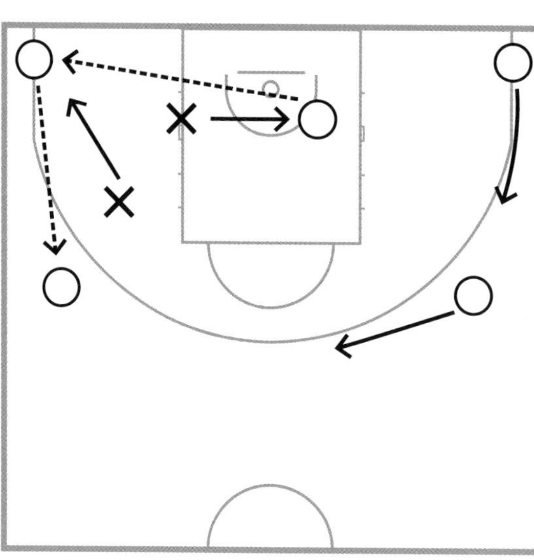

5人がアウトサイドにいる「5アウト」では「パス＆カット」と呼ばれる攻撃も有効になります。なぜならゴールに向かってカットしていく（走り込んでいく）ことで、スペーシングの基本形ともいうべき「4アウト1イン」のような形になり、チーム全体が攻めやすいスペーシングを取れるからです。

たとえばトップの選手がウイングにパスを出して、ボールサイドカットをしたとき、ウイングはカットした選手がディフェンスを抜き去っていたらパスを出します。パスを受けた選手はそのままレイアップシュートを打てます。

もしカットをしてパスを受けた選手に逆サイドのコーナーのディフェンスがヘルプに来たら、コーナーにキックアウトパスを出すことでシュートチャンスが生まれます。もしウイングのディフェンスがローテーションしてきたら、スペーシングを取ったウイングにパスを出すこともできます。

このように「5アウト」だからといって、常に5人が3ポイントラインの外側に立ち続けなければいけないわけではありません。ペイントエリア内に立ち続ける選手がいないだけで、「アウトサイドからインサイドに入って、またアウトサイドに出る」という動きを組み込むことで攻めやすくなります。

カットにパスが入らない場合

もしトップの選手の「パス＆カット」にパスを入れられなかったら、逆サイドのウイングがトップのポジションを埋めます。最初にカットをした選手は逆サイドのコーナーへリロケートし、コーナーにいた選手がウイングに上がりましょう。そうすることでパスを逆サイドに展開できれば、連続した攻撃をおこなえます。

パス＆カットで攻める②
空いているスペースをドライブで攻める

U12では、チームメイトの助けを借りずに（スクリーンを多用せずに）プレーすること、つまりシンプルな1対1を最初に覚えたほうがいいと考えます。近年ではスクリーンを使うプレーが増えていますが、U12ではまだディフェンスがそこまで強力ではないため、簡単にスクリーンを使うことを覚えると、自分で解決する能力が磨かれないからです。

その次に覚えてほしいのがオフボールの動き、つまりボールを持っていない選手が、どうやってボールを受けるかという動きです。

U12に「5アウト」を推奨するのは、オフボールでのシンプルな判断を磨きやすいからです。ここでは、カット（カッティング）で動いてパスを受けて攻める「キャッチ＆アタック」をいくつかの例を示して学びます。

トップの選手がカットをすると、トップのポジションにスペースが生まれます。カットにパスが入らない場合は逆サイドのウイングがそのスペースを埋めるという動き（P117）を紹介しましたが、実は最初にパスを受けたウイングにもチャンスがあります。それは空いたスペースを利用してミドルラインドライブをすることです。5アウトではペイントエリア内の人数が少ない（ほぼいない）ので、レイアップシュートに行くこともできます。もし逆サイドのウイングのディフェンスがヘルプに来たら、その空いたウイングにパスを出して攻めることもできます。

このときパスを出したら、ボールとは逆のサイドへリロケートしましょう。そうすることでフロアバランスが取れて、次の攻撃に移りやすくなります。

バックカットで攻める①

ディフェンスが ディナイを してきたときの対処法

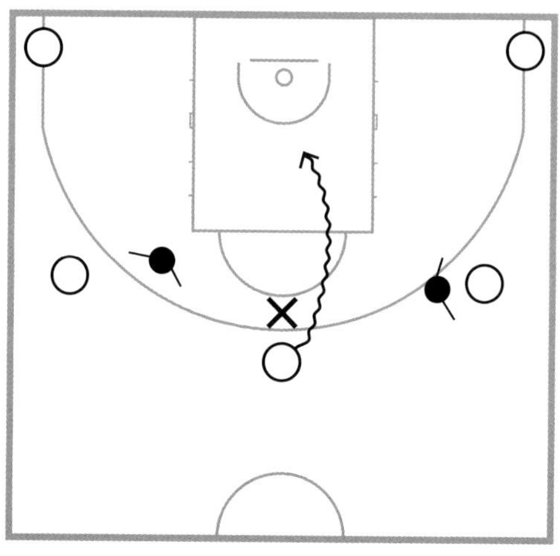

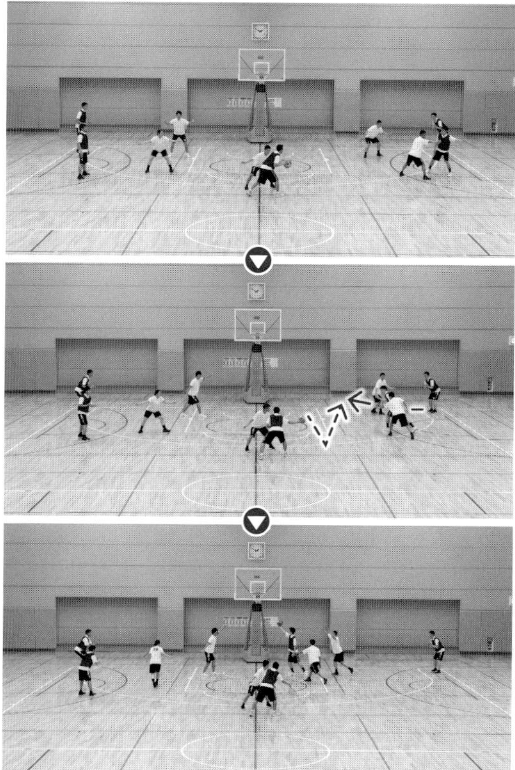

ウイングのディフェンスがディナイをしてきて、トップからパスを出せないときは、トップとウイングの間に大きなスペースがあるので、そこを1対1で攻めることができます。「ドライブのコースがない」と思っていても、「パス＆カット」をすることで、次にそれをさせないようディフェンスがディナイをしてくれば、1対1のチャレンジスペースが生まれます。

このように攻撃できるスペースを自分たちのアクション（動き）から生み出していくことが「5アウト」では大切になります。

ディナイをされて、ドライブもできなければ、ウイングは「バックカット」と呼ばれるディフェンスの裏を突く（ボールから遠いほうを抜く）動きでボールを受けましょう。そのままレイアップシュートを打つことができます（左写真）。

バックカットに逆サイドがヘルプに来たとき

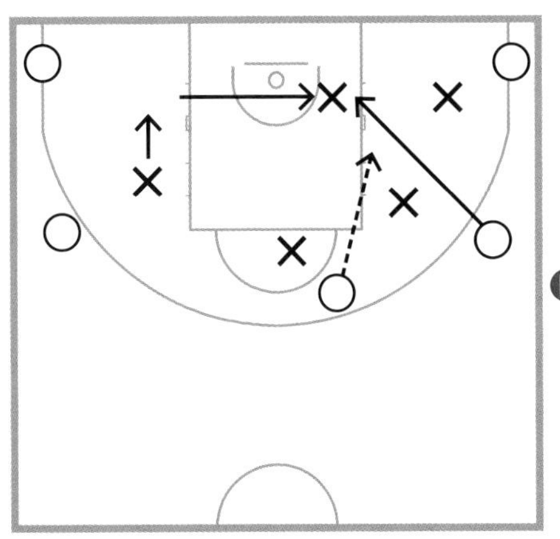

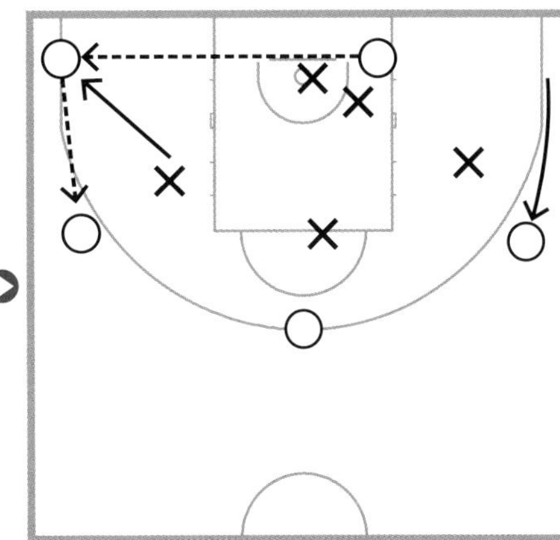

ウイングのバックカットに対して逆サイドのコーナーのディフェンスがヘルプに来たら、コーナーにパスを出せます。それに対して逆サイドのウイングのディフェンスがローテーションをしてきたら、ウイングにパスを展開できます。

このように基本的なスペーシングの動きは、最初のアクション（この場合はバックカット）が違っても、それぞれに対応できるものになっています。

バックカットには「表」と「裏」がある

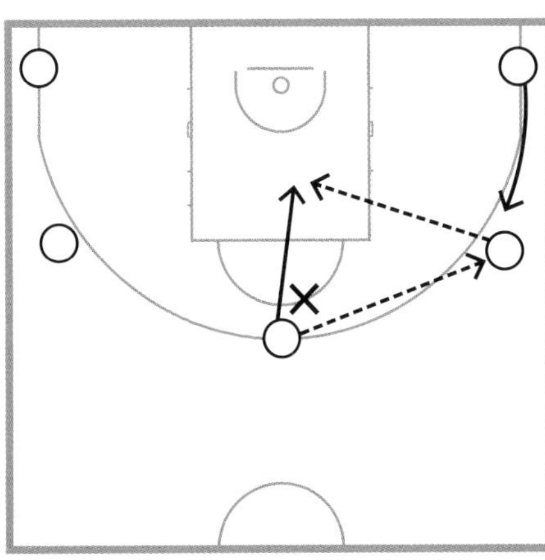

トップからウイングにパスを出したとき、「パス＆カット」をさせないように、トップのディフェンスがウイングのほうに寄って守ることがあります。そのときはトップの選手が「ブラインドサイドカット」をすることもできます。

このようにボールサイド（ボールがある方向）が空いていたらボールサイドカットを、ボールサイドが空いていなかったらブラインドサイドカットをそれぞれ狙うことができます。パスをディナイされたときに使うバックカットのような動きだと考えるとよいと思います。

バックカットで攻める②
バックカットにパスを出せないとき

コーナーのディフェンスがウイングのバックカットを守りに来て、トップからパスを出せないときがあります。

そのときは、ボールマンであるトップの選手がウイングのいなくなったスペースを使って1対1をすることもできます。

それと同時に、自分のディフェンスがウイングのバックカットを守りに行っている場合、コーナーの選手が素早くウイングポジションに上がって、トップからパスを受けることもできます。ディフェンスが戻ってこなければシュートを打てますし、もし戻ってきてもクローズアウトをしてくるので、ウイングに走り込んでいる勢いを利用して、スピードに乗ったカウンタードライブ（P26〜27）で抜くことができます。

最初にバックカットをした選手がペイントエリアに残っていたら、「サークルルール」に従ってベースライン側でドライブに合わせることもできます（P36〜37）。

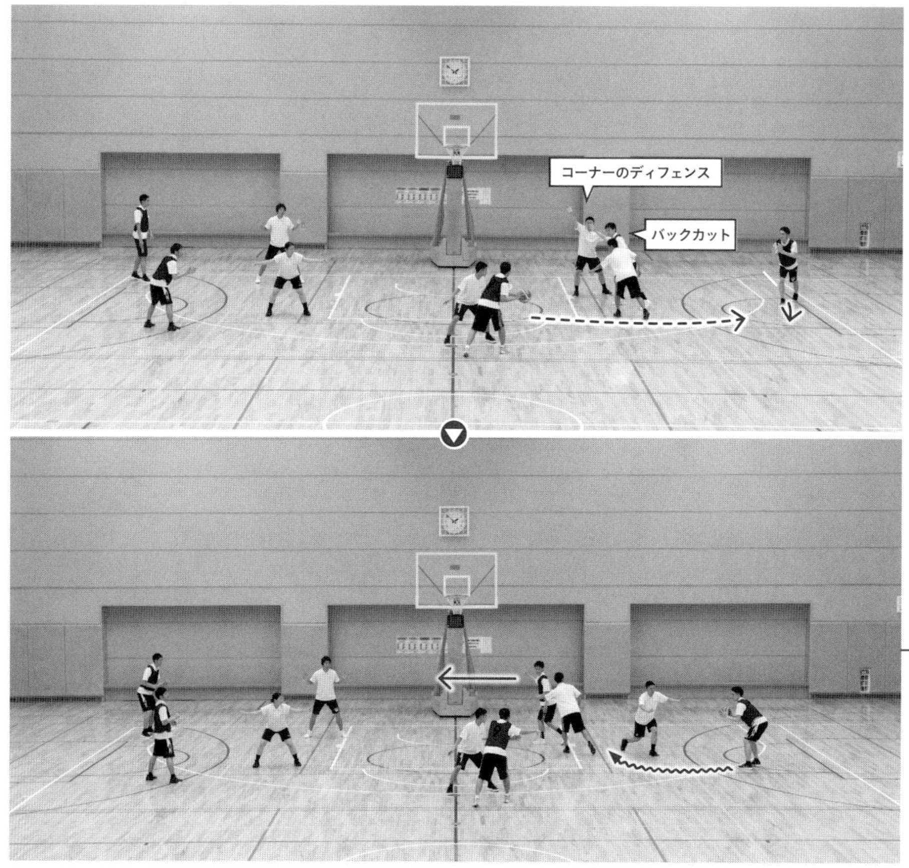

ウイングのドライブが守られたとき

タイミングを合わせて動き出す

5アウトはパス＆カットだけでなく、ドライブをメインアクションにすることもできます。ウイングがベースラインドライブをしたときは、逆サイドのコーナーのディフェンスがヘルプに来やすくなります。このときシュートを打てなければ、逆サイドのコーナーへのパスを狙います。パスを受ける選手はもともとコーナーにいるため、ヘルプに行ったディフェンスとの距離が広く、シュートや、次のオフェンスに展開しやすいのが5アウトのよいところです。しかし、ときにコーナーにもパスを出せないことがあります。

このときボールマンはドリブルを止めずにそのままドライブで逆サイドに抜けていくか、もしくはリトリートドリブル（後ろに下がるドリブル）などを使ってアタックをやめることができます。

ただ、ボールマンがドリブルを止めてしまった場合は、ボールサイドのコーナーにいた選手はウイングにドラッグします（P14、16）。

このときポイントになるのがタイミングです。コーナーにいた選手は、ボールマンがドリブルを止め、ピボットを使ってウイング方向に向こうとしたタイミングでウイングに移動しましょう。

コーナーの選手がウイングへ早めに動くと、ボールマンがドリブルで戻ろうとしたときに重なってしまうので、ギリギリまで状況を見ておくことが大切になります。

またボールを止めた場所から5メートルは離れた位置に移動することもポイントです。そうすることでクローズアウトに対するオフェンスを展開できます（写真では、シュートもドライブもできないと判断して逆サイドに展開しようとしています）。

最初にドライブをしてパスを出した選手は、ボールサイドのコーナーにリロケートしましょう。そうすることで5アウトの基本形に戻ります。

トップのドライブが守られたとき

基本的な考え方

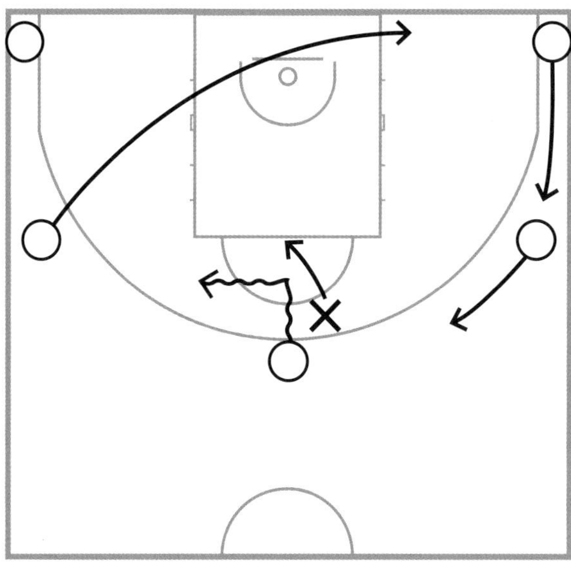

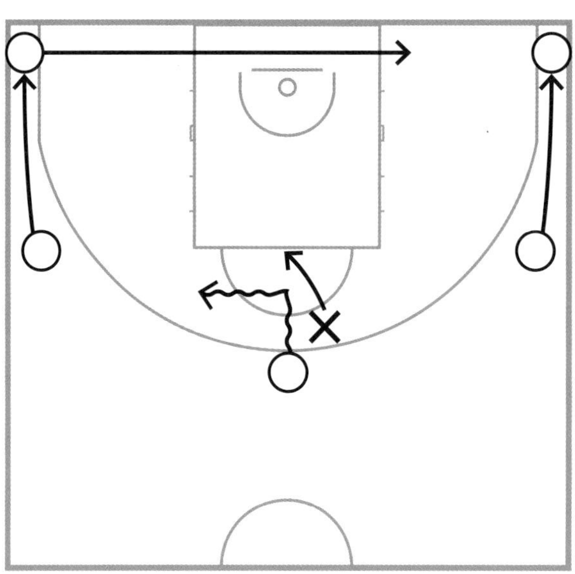

　トップの選手のドライブが早い段階でディフェンスに止められて、ゴールに向かえないことがあります。するとウイングの選手との距離が近くなってしまいます。このとき「隣の選手がカットする」というルールを決めておくと、いいスペースを保てます。逆サイドへのカットが起こったら、逆サイドにいた選手はポジションをそれぞれ上げる動きをしましょう。

　このときウイングはボールマンのドライブが抜けたかどうかを見極める必要があります。ディフェンスを抜けていたらウイングに留まり、抜けずに止められたらバックカットをするという判断をしなければなりません。その判断を素早くおこなうのはとても難しいことです。

　その場合、ボールマンのふたつ先、つまりコーナーにいる選手がベースライン沿いをバックカットし、ウイングはコーナーにドリフトするという方法もあります。オススメはこちらです。コーナーの選手がドライブの抜け方をあまり見ずにカットをしても、ドライブに大きな影響を与えないからです。もちろん、素早く逆サイドに移動してドライブのスペースを空けておかなければいけません。

ドリブル・ドライブ・モーション(DDM)

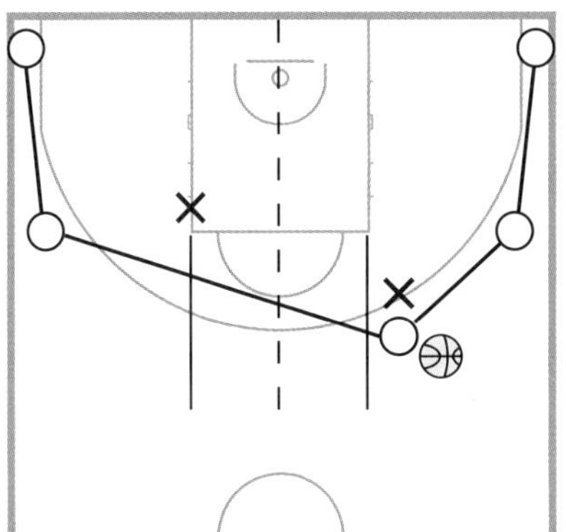

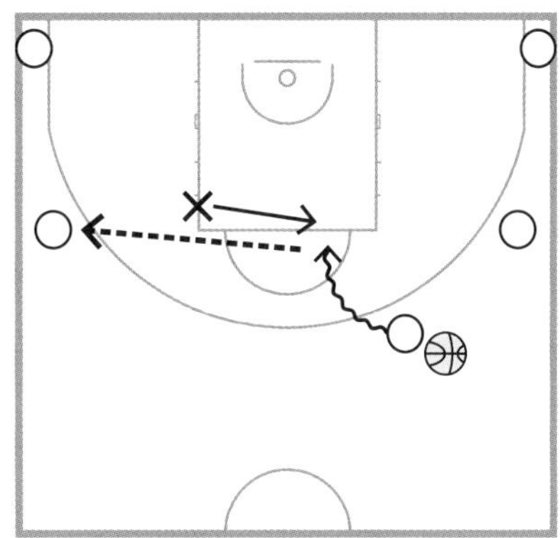

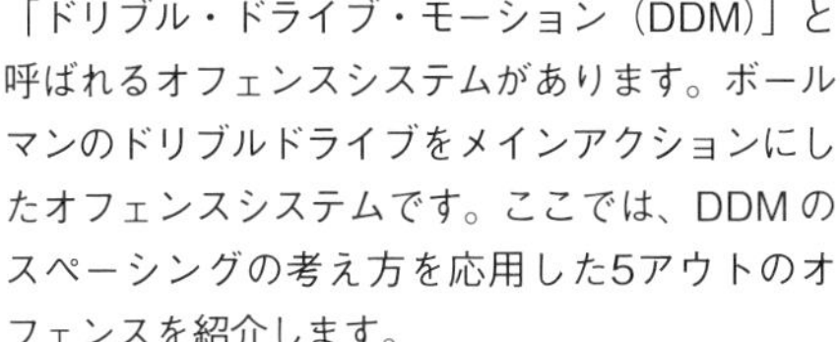

「ドリブル・ドライブ・モーション（DDM）」と呼ばれるオフェンスシステムがあります。ボールマンのドリブルドライブをメインアクションにしたオフェンスシステムです。ここでは、DDMのスペーシングの考え方を応用した5アウトのオフェンスを紹介します。

トップの選手が左右どちらかに少し寄った状態で立ちます。よいスペーシングでは、ボールマンを基準にそれぞれの選手が5~6メートル間隔で立つことが大切なので、この場合、上図のようになります。

このとき逆サイドの2人はポジションを下げます。そうすることでボールマンの逆サイドに大きなスペースが生まれ、ドライブがしやすくなります。もしウイングのディフェンスがヘルプに来たら、ウイングにキックアウトパスを出すことができます。ウイングはシュートを打つか、あるいはディフェンスがクローズアウトをしてきた場合にはカウンターでのドライブも選択できます。

5アウトには、均等なスペーシングにすると隣との距離が近くなってドライブのきっかけを作りにくいという側面があります。DDMのようなコンセプトを使ってドライブしやすくするのも効果的です。

5アウトから4アウト1インへ

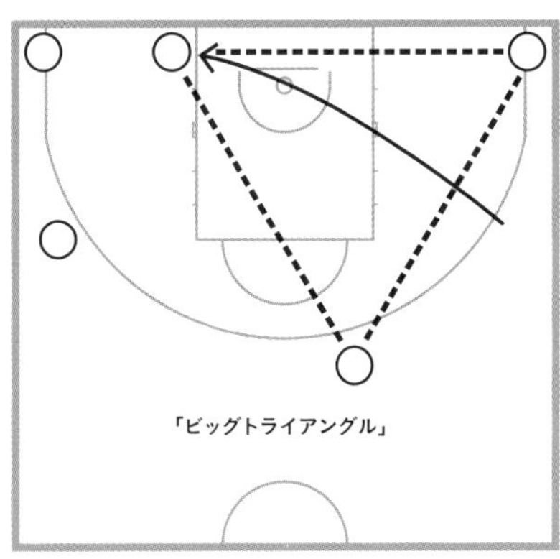

「ビッグトライアングル」

「ドリブル・ドライブ・モーション」には、「ビッグトライアングル（大きな三角形）」と呼ばれるポジションを取ることでボールマンのドライブがしやすくなるという利点があります。

左図のように、ボールサイドにいるウイングがボールマンがドライブをする前にカットしてヘルプサイドのローポストに向かいます。そうすることで「ボールマン」、ボールサイドの「コーナー」、カッティングをしてきた「ローポスト」の3点を結ぶ「ビッグトライアングル」ができて、ボールマンの左右にドライブしやすい大きなスペースが生まれます。

このようにボールを持っていない選手が動いてスペースを作ることで、ボールマンのドライブを助けられます。

トランジション①
全員がドリブルプッシュをできるようにする

特に「5アウト」を推奨するU12では、基本的に誰もがアウトサイドでプレーできるようにするというコンセプトがあります。

いわゆるビッグマンがリバウンドを取ったときでも、その選手がドリブルをしてミドルラインを進みましょう。そのほかの4人は、自分がいるポジションから両コーナーに近い選手が両コーナーへ、それ以外の2人が両ウイングへ向かってそれぞれ走ります。

トランジション②
サイドライン寄りでリバウンドを取ったとき

誰かがサイドライン寄りの場所でリバウンドを取ったとします。その選手がミドルラインをドリブルで進めたなら、同じ規律でトランジションのスペースを保つことができます。

このときコーナーに向かう選手はディフェンスの戻り方をよく見て、チャンスがあれば、ゴールに向かう判断（P108）もしましょう。

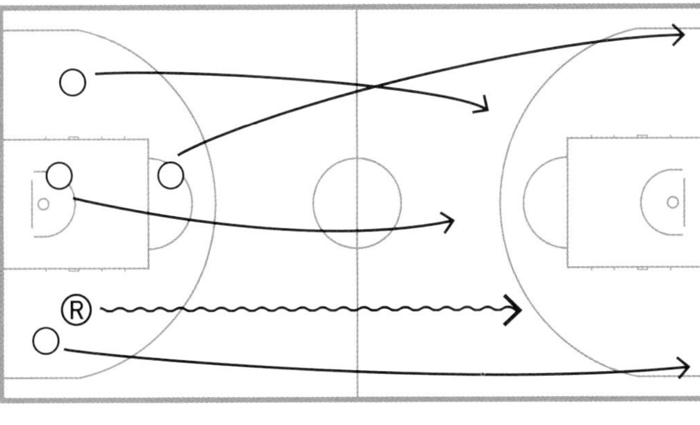

ただしリバウンドを取ったサイドにその選手を含めて2人しかいない場合や、自陣のゴール付近にいた選手が明らかに遅れてしまいそうな場合は、ボールマンがウイングに向かう方法もあります。そして遅れた選手がトップのポジションを埋めるように走れば、5アウトの形をスムーズに作ることができます。

コラム④

チームルールを作ろう

「トランジションで誰がどこを目指して走るのか」、「ドリブル・ドライブ・モーションでボールマンがドライブをしたら、誰がカットするのか」といったルールをチーム内で作っておくことは育成年代にとっても非常に大切です。なぜなら、そうしたルールが選手がプレーを判断するための基準になるからです。

バスケットは「判断のスポーツ」といわれ、その判断をするには経験が必要になります。育成年代の選手はそれほど多くの経験がありませんが、チーム内でルールを決めていれば、そのルールに基づいて判断することができます。たとえば「この場合は誰がコーナーに走るのか」、「この状況になったら、誰がカットするのか」というルールであれば、U12であっても対応できると考えます。

逆にルールがなければ、たとえば「トランジションで先頭を走っていたのにコーナーへ走らない」ことが判断ミスなのかどうかがわかりません。いい判断だったか悪い判断だったかを学ぶことさえできないのです。

よくいわれる「判断力」は、選択肢の少ないところから磨き、少しずつその選択肢を増やして、さらに磨きます。経験を重ねると判断基準はより高度になり、より複雑に、繊細に発展していきます。たとえば「相手の選手によって守り方を変える」とか、「スペーシングに応じてスクリーンの角度を変える」といった高度なルールに発展するのです。

「育成年代、特にU12でルールを作って、選手をロボットのようにするのはよくない。カテゴリーが上がっていけば、そうしたルール作りをおのずとやるはずだから、U12のうちはフリーランスでいい」という考え方もあるでしょう。しかし「フリーランス」こそが判断の負荷が最も高い動きなのです。チームメイトが何をするのかわからない状況で、自分のプレーを判断しなければならないからです。むしろ簡単な判断基準をチームでルールとして作っておくことが、選手の育成にとって非常に大切なコンセプトになります。

ただし選択肢がひとつしかないチームルール ――たとえば「あなたはコーナーにしか行ってはいけません」、「ビッグマンのあなたはドリブルをしてはいけません」といったルールは、もはやルールでも、選択肢でもありません。それこそ「ロボット」になってしまいます。

決まった選手だけが何かをする、もしくはある選手は何かをしないというルールではなく、すべての選手がさまざまな角度から、いろいろなタイミングでプレーすることを覚えていきましょう。それを示す決まりごとこそが育成に適したルールとなります。

第5章

3アウト2イン

3アウト2インの基本形

「3アウト2イン」では3人の選手がアウトサイド（3ポイントラインの外）にポジションを取り、2人の選手がインサイド（ペイントエリア近辺）にポジションを取ります。

アウトサイドの3人はトップと、左右の両ウイングにそれぞれ1人ずつがポジションを取ります。インサイドの2人はそれぞれ左右のローポストにポジションを取ります。

ウイングのベースラインドライブ①
ファーストヘルプに対する合わせ

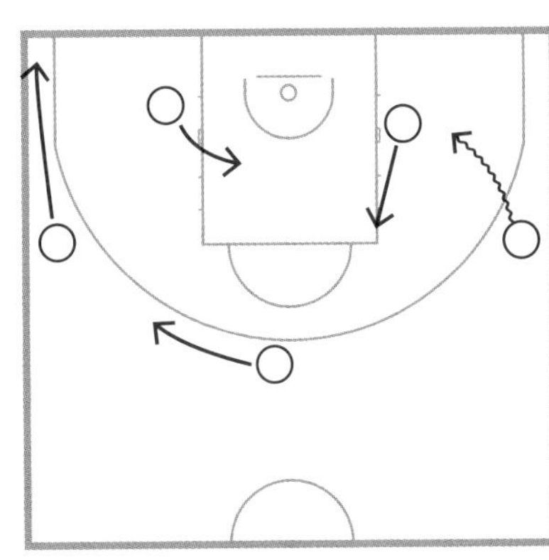

ウイングがベースラインドライブをしたら、ボールサイドのローポストにいたビッグマンはフリースローレーン上をセンターライン方向に上がっていきます。ボールから離れる動きでドライブのスペースを作りつつ、パスを受ける準備をしておきましょう。逆サイドのビッグマンは「サークルルール」に従って、ペイントエリア内で合わせる動きをします。

このときアウトサイドの2人もボールから離れる動きを始めましょう。

ボールマンとしては自分のディフェンスだけでなく、ほかの4人のディフェンスの動きも見て、どこにパスを出すのかを判断することが大切になります。

ウイングのベースラインドライブ②
セカンドヘルプに対する合わせ

ペリメーターの合わせ方

ウイングのベースラインドライブに対して、逆サイドのビッグマンのディフェンスがヘルプに来たとします。ボールマンは「ファーストヘルプ」が守っていた逆サイドのビッグマンへのパスを狙います。しかし逆サイドのウイングのディフェンスがセカンドヘルプでそこを守りに来ていたら、ウイングからコーナーに動いた選手へパスを出しましょう。

ビッグマン同士の動きに注意

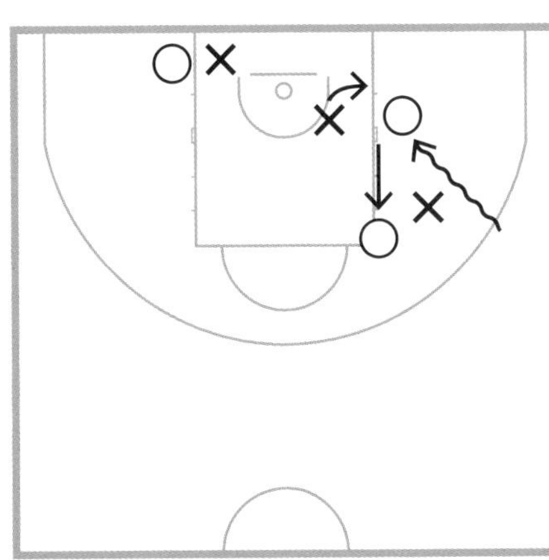

ボールサイドのビッグマンのディフェンスがヘルプに来ることもあります。その場合、ボールサイドのビッグマンはハイポストの方へ合わせます。

逆サイドのビッグマンに近づいてしまうと2人とも1人のディフェンスに守られてしまうので、注意が必要です。

ウイングのミドルラインドライブ①
デッドローを効果的に使う

ビッグマンの合わせ方

ウイングのミドルラインドライブが起こったら、2人のビッグマンは素早く「デッドロー(P40〜41)」に下がります。そうすることでボールマンのドライブにスペースを与えられるからです。デッドローでは、横に広く構えて状況を見ましょう。

ドライブに対してファーストヘルプに行ったディフェンスに守られていたビッグマンは、自分のディフェンスがどのようにヘルプに行ったのかを見て合わせましょう。ただし早めにゴール下へ飛び込むと、逆サイドのビッグマンのディフェンスが守りに来ることがあります。ボールマンの動きに合わせて、タイミングよく飛び込むことが重要になります。

ウイングのミドルラインドライブ②
セカンドヘルプに対する合わせ

ウイングのミドルラインドライブの際には、ビッグマンのディフェンスがファーストヘルプに行き、デッドローに下がったビッグマンに対しては逆サイドのウイングのディフェンスがセカンドヘルプに行くことがあります。

このとき逆サイドのウイングはコーナーには行かず、ヘルプに行った自分のディフェンスから遠いところで待ちます。たいていはウイング近く、つまり元々いた場所の近くになりますが、ボールマンから見える位置に微調整することが大切です。

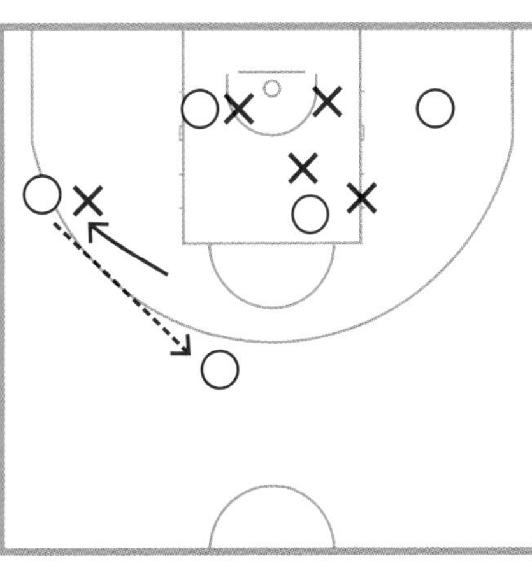

さらにローテーションで守ってきたとき

ミドルラインドライブから逆ウイングでパスを受けた選手にトップのディフェンスが守りに来たら、トップ付近でスペーシングを取っている選手にパスを出しましょう。このときウイングとトップの間に5~6メートルの間隔を空けておくと、次のオフェンスがスムーズに進みます。

ガードのドライブ①
ファーストヘルプに対する合わせ

ボールサイドのビッグマン

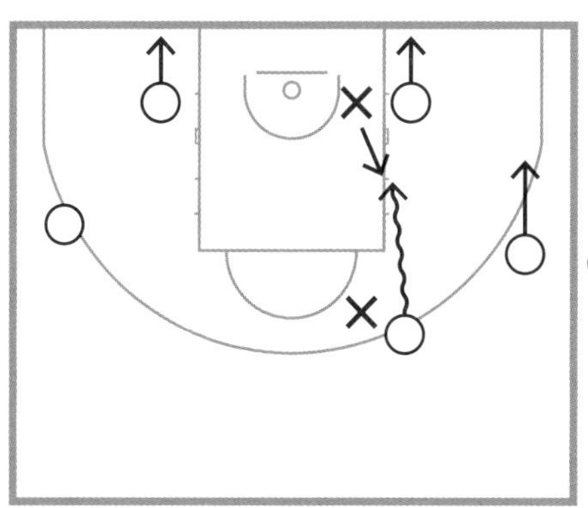

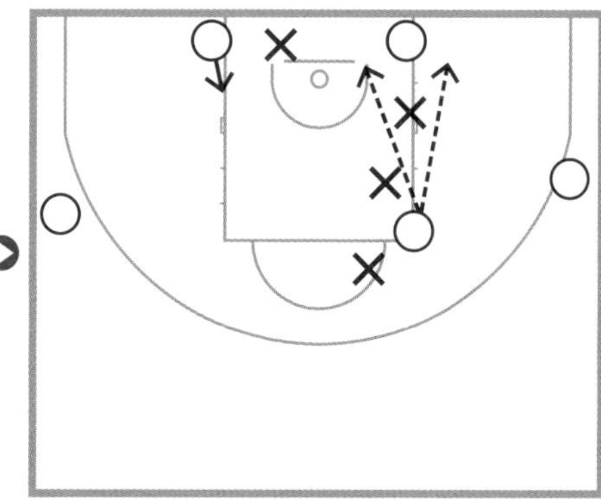

ガードのドライブに対するビッグマンの合わせ方は、基本的に「ウイングのミドルラインドライブ」と同じで、一度「デッドロー」に下がります。そうすることでドライブのスペースを広くします。

ボールサイドのビッグマンのディフェンスがヘルプに行ったら、ビッグマンはベースライン側からペイントエリア内、もしくはショートコーナー（ローポストの一歩外）に出て合わせましょう。

このときビッグマンが先に動き出してゴール下で待つ状況になると、逆サイドのビッグマンのディフェンスに守られてしまいます。ゴール下で受けるのであれば、ボールマンが見える位置にタイミングよく飛び込むことが大切です。

逆サイドのビッグマン

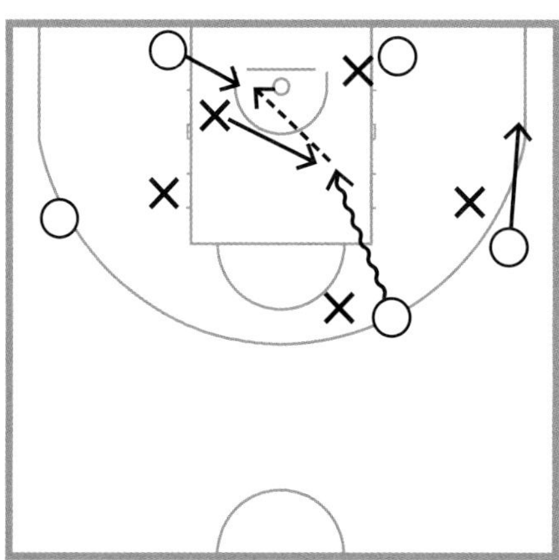

ガードのドライブに対して、逆サイドのビッグマンのディフェンスがヘルプに行ったら、デッドローにいた逆サイドのビッグマンはヘルプディフェンスの位置を見て、ベースライン側からペイントエリア内に入るか、もしくはショートコーナーに合わせる動きをしましょう。

このときもう一人のビッグマンは周りのディフェンスの位置を見てポケット（ディフェンスに囲まれたスペースの中心）に動きましょう。

ガードのドライブ②
セカンドヘルプに対する合わせ

ボールサイドのペリメーター

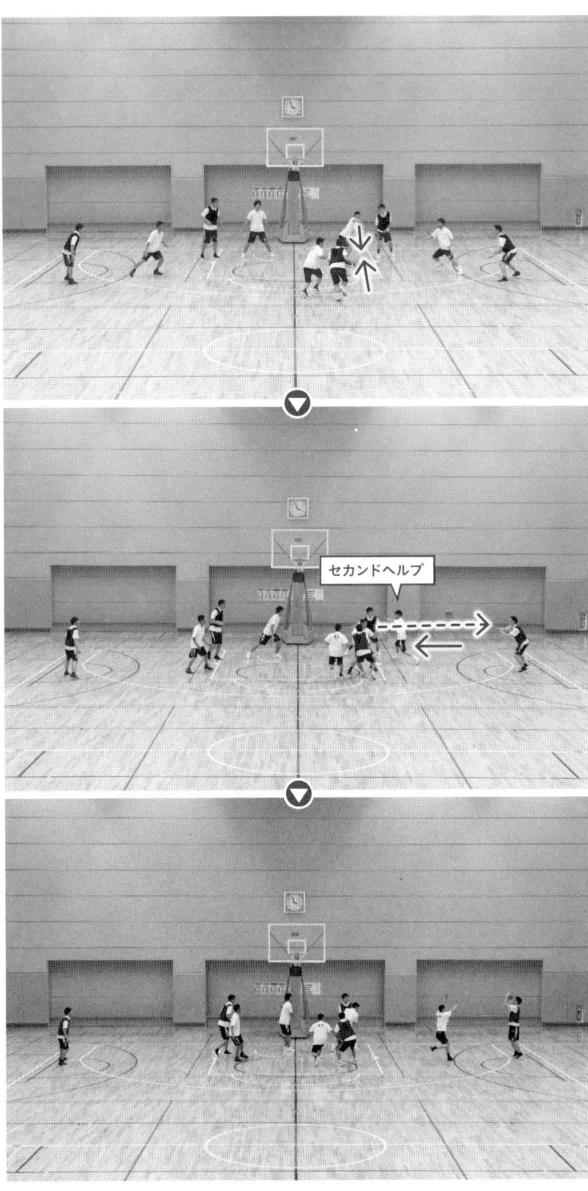

ガードのドライブに対して、ボールサイドのビッグマンのディフェンスがヘルプに行くと、デッドローにいるビッグマンにチャンスが生まれます。このとき同じサイドのウイングのディフェンスがセカンドヘルプに来ることもあります。ボールマンはファーストヘルプ（ビッグマンのディフェンス）と合わせて、セカンドヘルプ（ウイングのディフェンス）の動きも見ておきましょう。

ウイングのディフェンスがデッドローを守りに行ったら、ウイングにパスを出します。ウイングはその場に留まり、セカンドヘルプに行ったディフェンスから遠くなるように微調整をして、ボールを受けます。ディフェンスがクローズアウトに出てきたら、シュートを打つか、ドライブをするかの判断を下しましょう。

ガードのドライブ②
セカンドヘルプに対する合わせ

逆サイドのペリメーター

ガードのドライブに対して、逆サイドのビッグマンのディフェンスがヘルプに行き、連動してウイングのディフェンスがビッグマンへセカンドヘルプに行くことがあります。このとき逆サイドのウイングは、自分のディフェンスがどこへセカンドヘルプに行っているかを確認しましょう。

もしビッグマンがデッドローで合わせようとして、ウイングのディフェンスがデッドローを守りに行ったら（セカンドヘルプ）、ウイングの選手はボールの見えるアングルを微調整しながら、その場に留まります。コーナーに移動するとセカンドヘルプに行ったディフェンスが戻りやすくなるからです。

もしビッグマンがペイントエリア内で合わせようとして、ウイングのディフェンスがそれを守りに行ったら（セカンドヘルプ）、ウイングの選手はコーナーに移動しましょう（左写真）。

合わせの優先順位は「ファーストヘルプ」のオフェンスが第1位ですが、2人のビッグマンがデッドローにいる場合は異なります。ビッグマンがベースライン沿いに動いて合わせようとすると、逆サイドにいるビッグマンの行き場がなくなり、そのディフェンス1人にビッグマン2人を守られるからです。

セカンドドライブへの展開

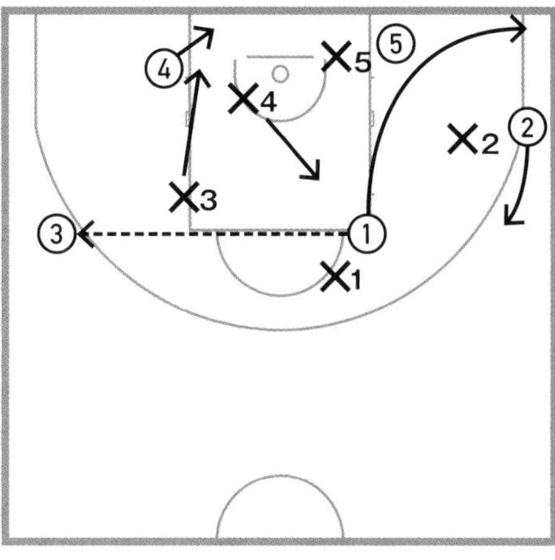

最初にドライブをして、逆サイドのウイングにパスをした選手は、パスを出した逆サイドにリロケートします。左図ではコーナーにリロケートしていますが、②がコーナーにいる場合はウイングでも構いません。逆サイドに2人のペリメーターがいることで、③は広いスペースを使ってセカンドドライブがしやすくなります。ただし、③のセカンドドライブに備えるためにも、リロケートした①と②の距離が近くならないよう、お互いが距離を調整するようにしましょう。

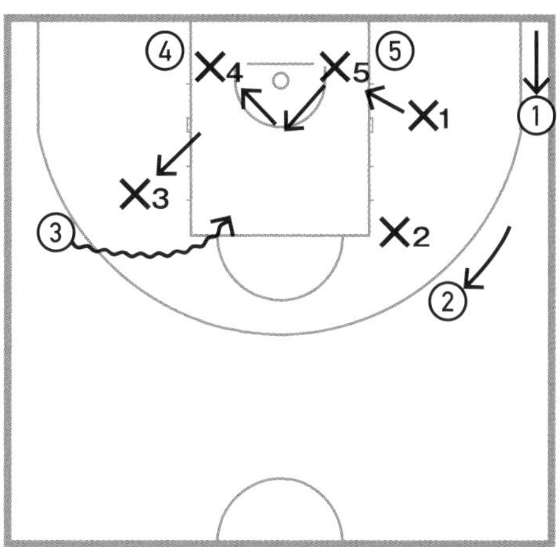

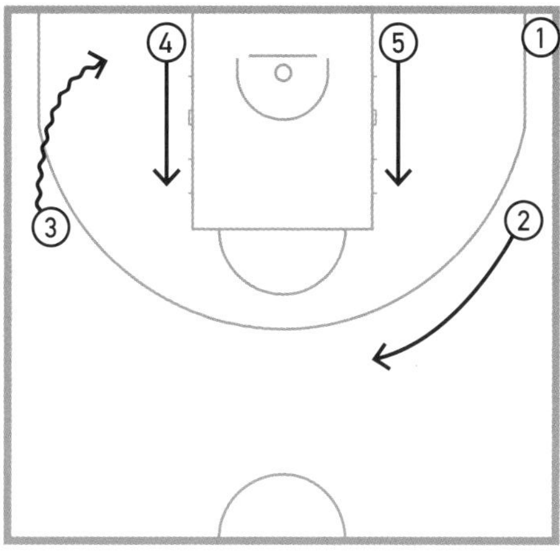

もし③がベースラインドライブをしたら、④と⑤はフリースローラインのほうに上がることでドライブのスペースを作り、次の合わせに備えましょう。

トランジション①
3アウト2インにつながる基本的な速攻の出し方

3アウト2インの形を作っていく

3アウト2インのスペーシングを採用しているチームのトランジションは、4アウト1インと同じように5人を3つのユニット（グループ）に分けておくとよいでしょう。

①ガードユニット：リバウンドを取った選手からボールを受け、コート中央を走ってボールを運ぶ選手が1人。

②ウイングユニット：両ウイングを埋める選手が2人。

③リムラン&トレイルユニット：相手ゴールに近い選手がゴールに向かってまっすぐ走り出し（ゴールは「リム」とも呼ぶので、この動きを「リムラン」といい、それをおこなう選手を「リムランナー」といいます）、ボールサイドのローポストへ。最後尾から走ってきた選手（これを「トレイル」と呼びます。たいていはリバウンドを取った選手です）は空いているサイドのローポストに向かいます。

リムランナーはペイントエリア内に走り込みながら、そのままシール（ディフェンスを背にしてそのディフェンスにピッタリとくっついたうえでボールを受ける姿勢を取ること）をしましょう。これを「ランニングシール」と呼びます。ディフェンスのポジショニングが悪かったり、身長差のミスマッチが起きていたりしたら、そのままゴールにアタックすることもできます。

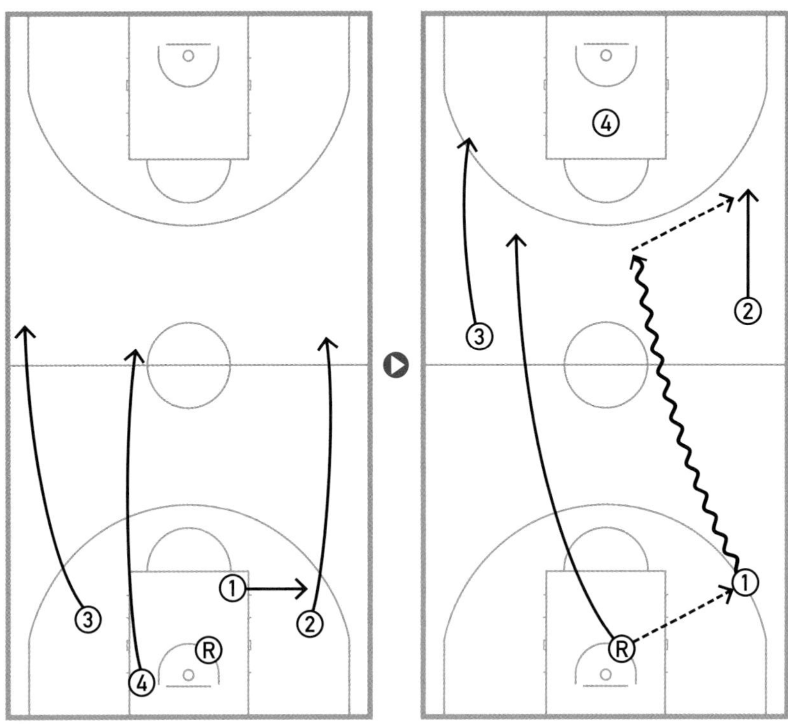

第5章
3アウト2イン

トランジション②
トレイラーをうまく使う

トレイラーの走力がカギになる

トレイルの選手がそのディフェンスよりも前に走ることができたら、得点のチャンスが広がります。

ガードからウイング、さらにローポストへとボールが渡ったとき、最後尾から走ってきたトレイルの選手がディフェンスよりも前を走っていたら、ローポストのビッグマンは走り込んできたトレイル（ビッグマン）にパスをしましょう。そのままレイアップシュートに持ち込むことができます。

おわりに

チームの状況にあったスタイルでスペーシングを活用しよう！

いかがでしたか？　バスケットボールにおける「スペーシング」とは何かを理解できれば、「はじめに」の写真と、上の写真の違いがわかると思います。みなさんはどちらの「スペーシング」でバスケットをしたいですか？

聡明な読者のみなさんはお気づきだと思いますが、本書は「3ポイントシュートの力がある」ことが前提になっています。コラムでも紹介しましたが、現代バスケットでは期待値の高いシュートを選択することが重要になっています。たとえばボールマンがドライブを仕掛けて、ボールマン本人、もしくは合わせで動いたビッグマンがゴール下でシュートを打てるのであれば、それが一番理想的です。得点が入る可能性が高くなります。一方で現代のバスケットではチームディフェンスがより体系化され、強度も上がっているため、ゴール下でシュートを打つこと自体が難しくなっています。そのときに求められるのが期待値の高い3ポイントシュートです。

ただし、3ポイントシュートがあまり得意ではないチームや選手が、「期待値が高いから」という理由だけで、無理やり3ポイントシュートを打つのは好ましくありません。その場合は3ポイントシュートの確率を上げるように、日々の練習を積み重ねながら、実戦では連続したドライブ（セカンドドライブ）を狙うなど、自チームの状況にあった得点シーンを作りあげていくべきです。

▲ よいスペーシングを取って、スムーズなチームオフェンスにつなげよう！

また3ポイントシュートのないミニバスケット（小学生）では、3ポイントラインを目印にするのではなく、よりはっきりと、誰が見てもわかるくらいまでディフェンスやチームメイトから離れることでお互いのスペースを判断できるように練習していきましょう。

よいチームのオフェンスはプレーが止まりません。ボールが絶えず動き、そのボールの動きに合わせて、次のアクションが起こります。オフボールマンはボールを持っていなくても、コートのうえで起こっている状況を常に見て、「どこへ動けばいいのか」を判断し続ける必要があります。自分がボールを受け取りに行こうとするだけでなく、あえてボールマンから離れてボールマンが1対1をしやすくなるようにスペースを広げてあげることも、判断のひとつになります。

本書で示した「スペーシング」の考え方はNBAやB LEAGUE、W LEAGUEなどでも普通に取り入れられています。しかし育成年代のみなさんにプロと同じ「スペーシング」をいきなり紹介しても、とても難しくて、逆に動けなくなってしまうでしょう。ここではまず「スペーシング」の基本的な考え方や動き、それぞれの年代に見合ったシンプルな判断基準を紹介しました。

「スペーシング」の基本は、次のカテゴリーに進んだときにも十分に役立ちます。また、みなさんが見ているプロバスケットをより楽しむことにも役立ちます。

本書がみなさんのバスケット熱をより高めるものになるのであれば、コーチの１人として幸せに感じます。ご精読ありがとうございました。

鈴木良和

著者
株式会社　ERUTLUC 代表取締役

鈴木良和

すずき・よしかず／ 1979 年生まれ。茨城県出身。並木高－千葉大。千葉大大学院に在学中の 2002 年に「バスケットボールの家庭教師」の活動を開始。小中学生を中心に高校生から幼稚園児まで幅広く指導し、バスケットボールの普及と強化に努める。その後、株式会社 ERUTLUC（エルトラック）を設立し、バスケットボール教室、出張指導、クリニック、キャンプ、指導者の研究会などを主宰。「なりうる最高の自分を目指そう」を理念に、ジュニア期のコーチングの専門家としてさまざまな活動を展開している。

株式会社　ERUTLUC 公式ホームページ
https://basketballtutor.com/

取材・執筆	三上太
撮　影	長谷川拓司
デザイン	有限会社 ライトハウス（黄川田洋志、井上菜奈美、石黒悠紀）
イラスト	丸口洋平

撮影協力
ERUTLUCのコーチたち

バスケットボール
判断力(はんだんりょく)を養う(やしなう)スペーシングブック

2020 年　4 月 28 日　第 1 版第 1 刷発行
2023 年　10 月 31 日　第 1 版第 5 刷発行

著　者　鈴木(すずき) 良和(よしかず)
発行人　池田 哲雄
発行所　株式会社ベースボール・マガジン社
〒 103-8482 東京都中央区日本橋浜町 2-61-9 TIE 浜町ビル
電話　03-5643-3930（販売部）
　　　03-5643-3885（出版部）
振替口座　00180-6-46620

https://www.bbm-japan.com/

印刷・製本　大日本印刷株式会社

ISBN 978-4-583-11287-9 C2075